To Breathe / Respirare

pp. 3–7
Teatro La Fenice

pp. 8–15
To Breathe / Respirare (invisible mirror / invisible needle), 2005

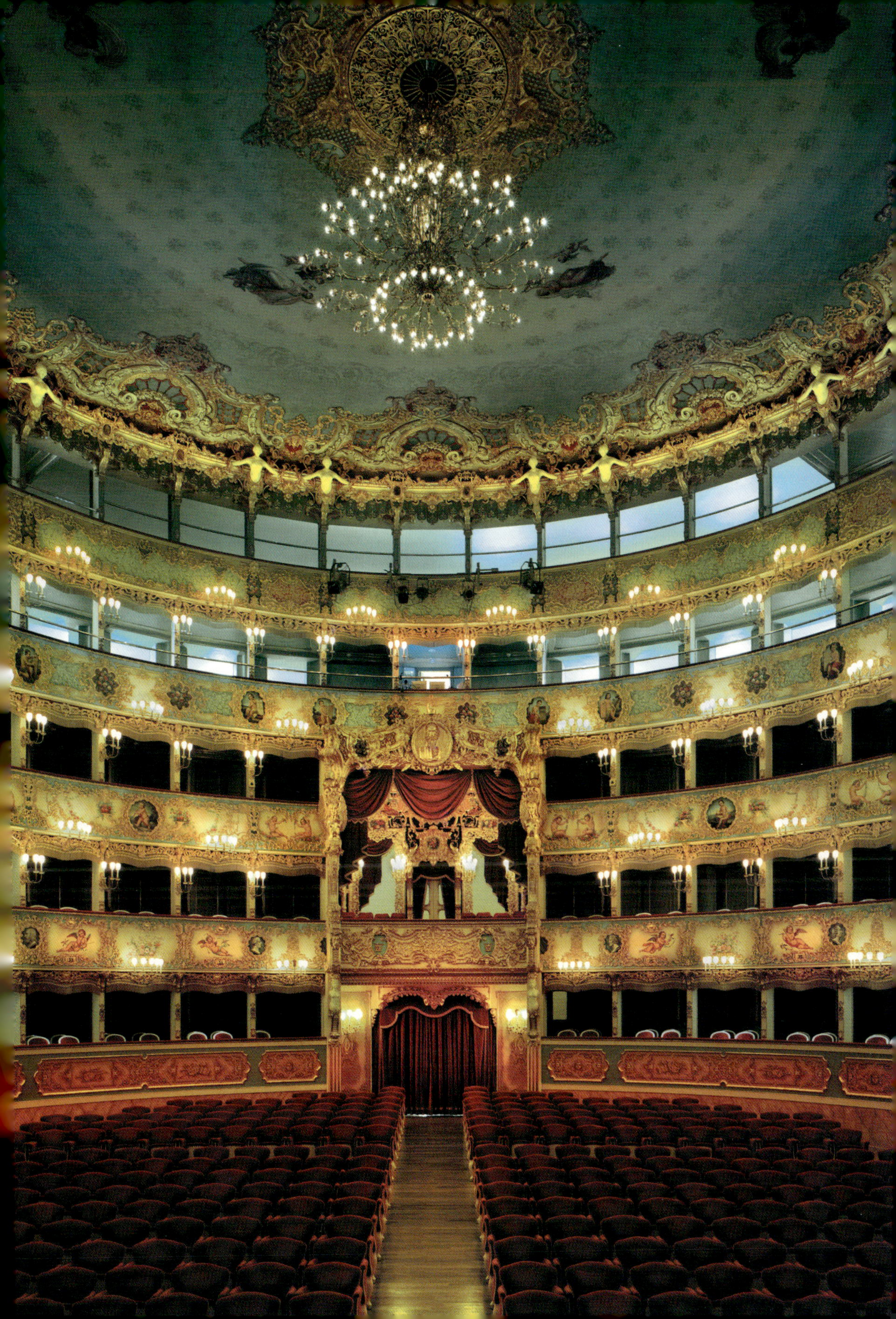

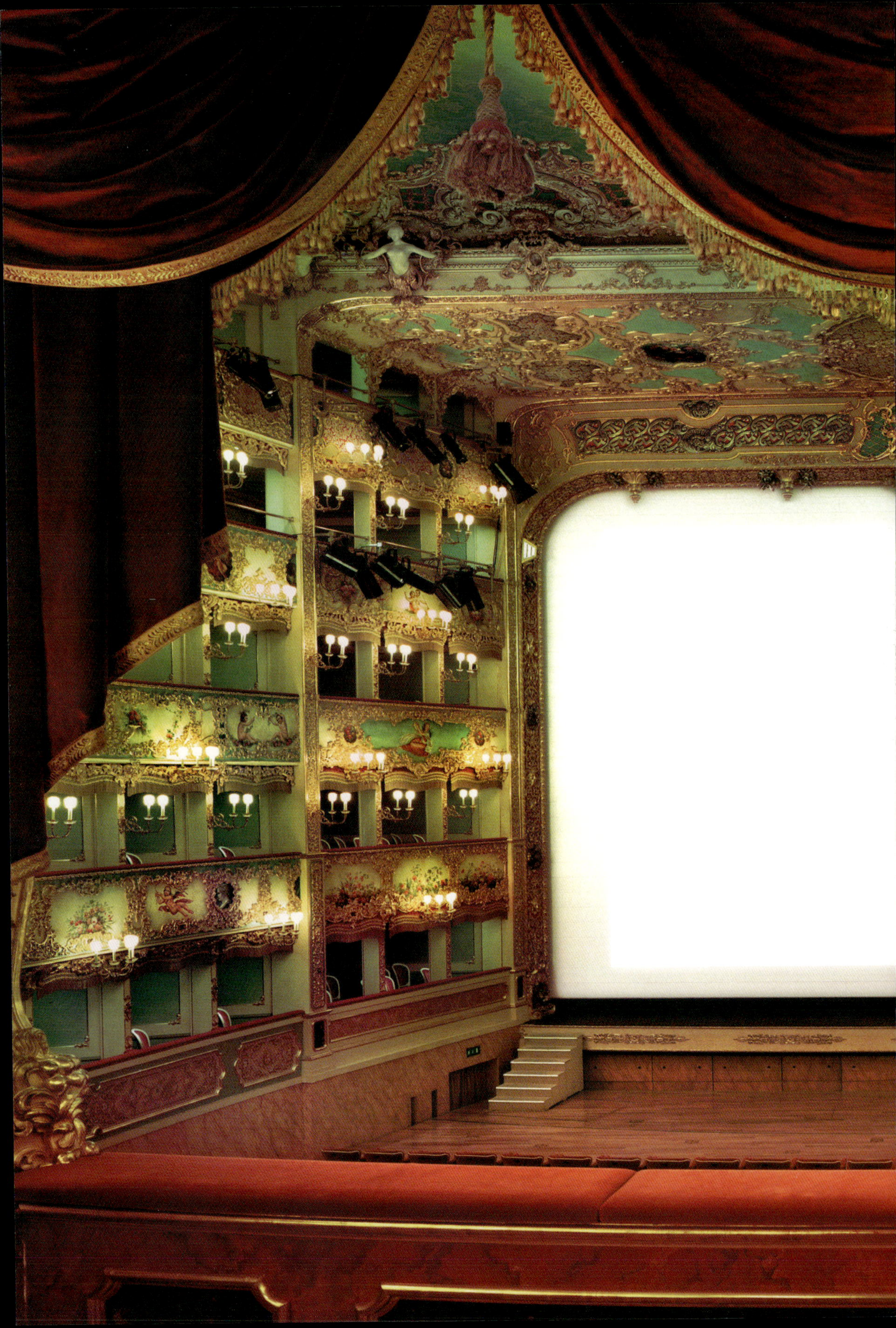

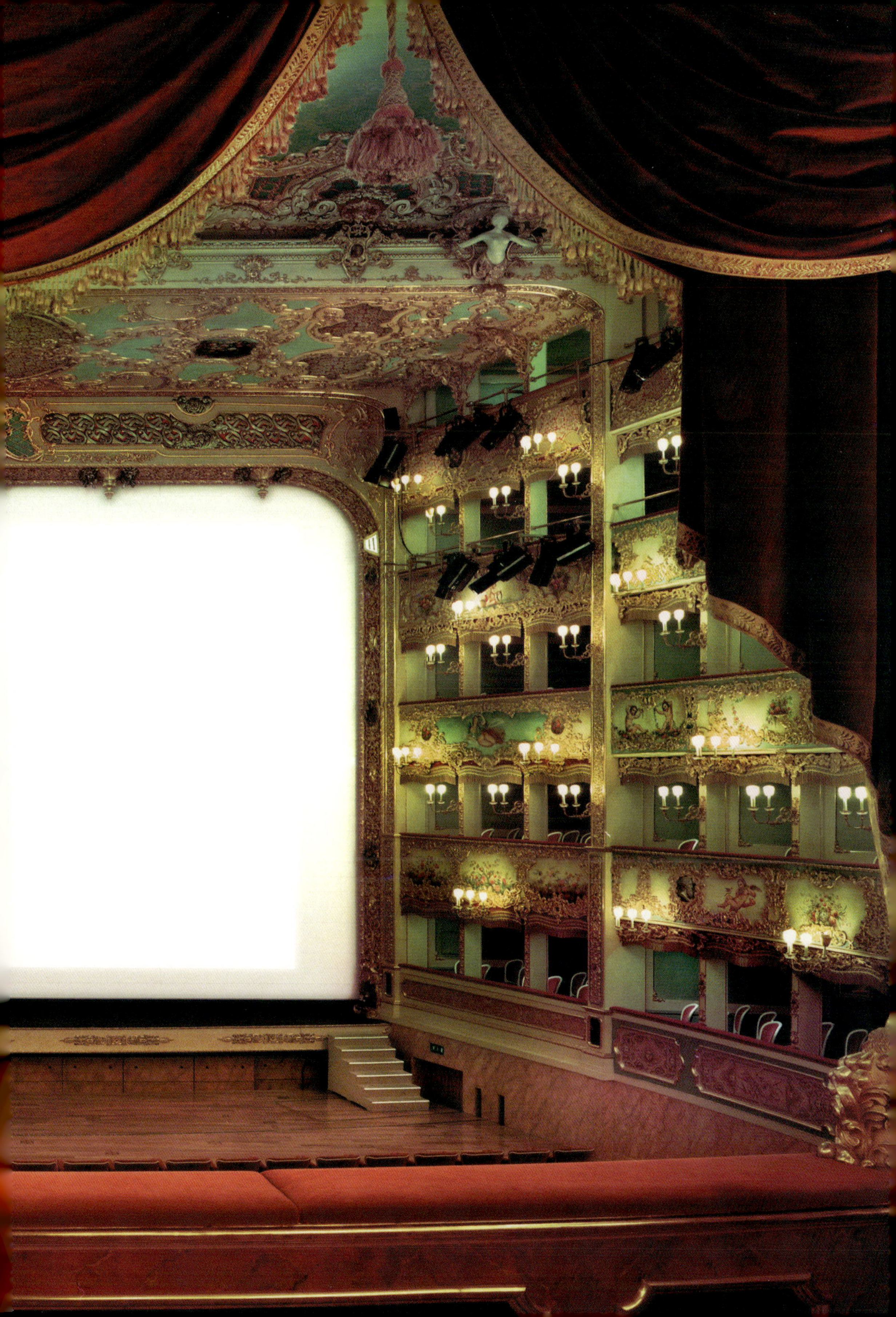

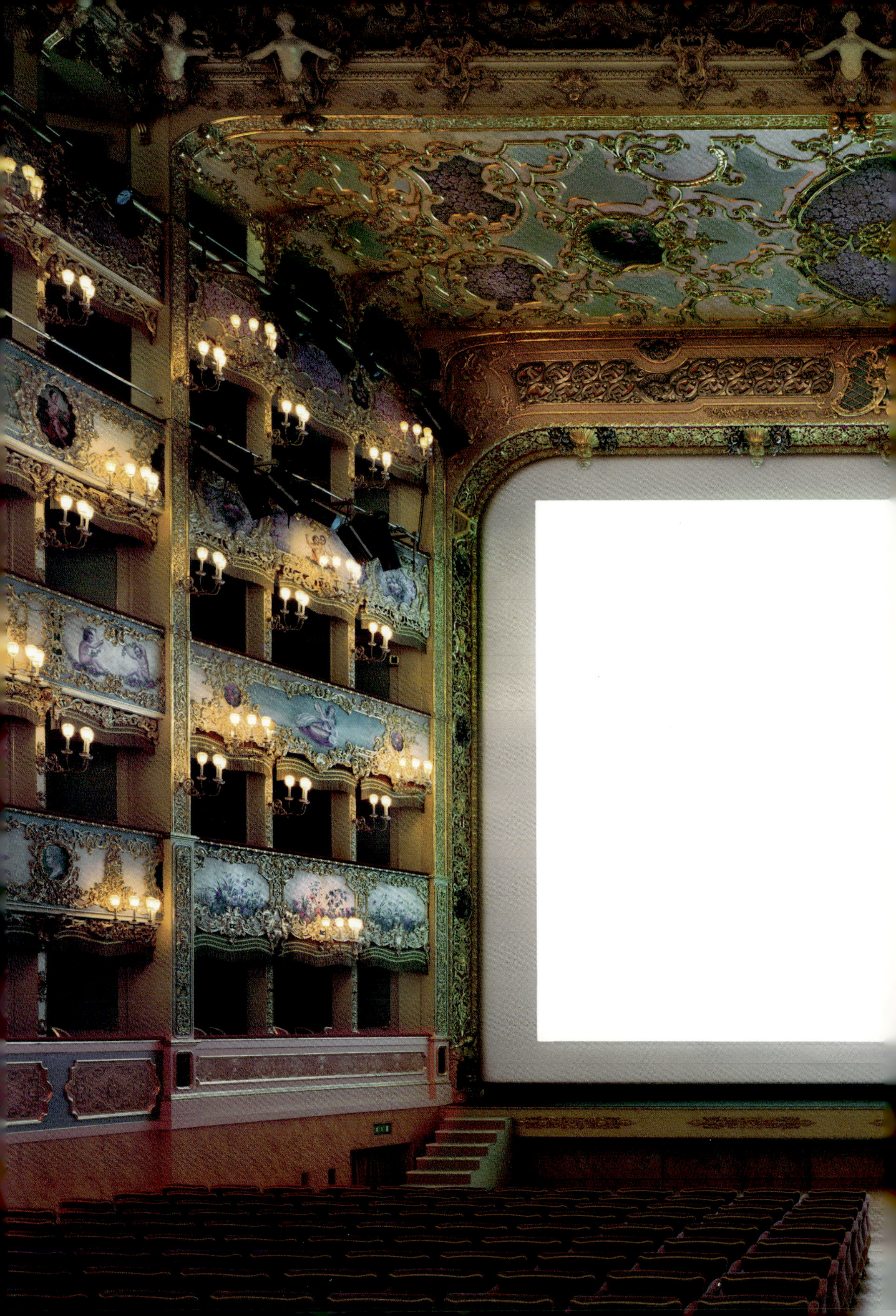

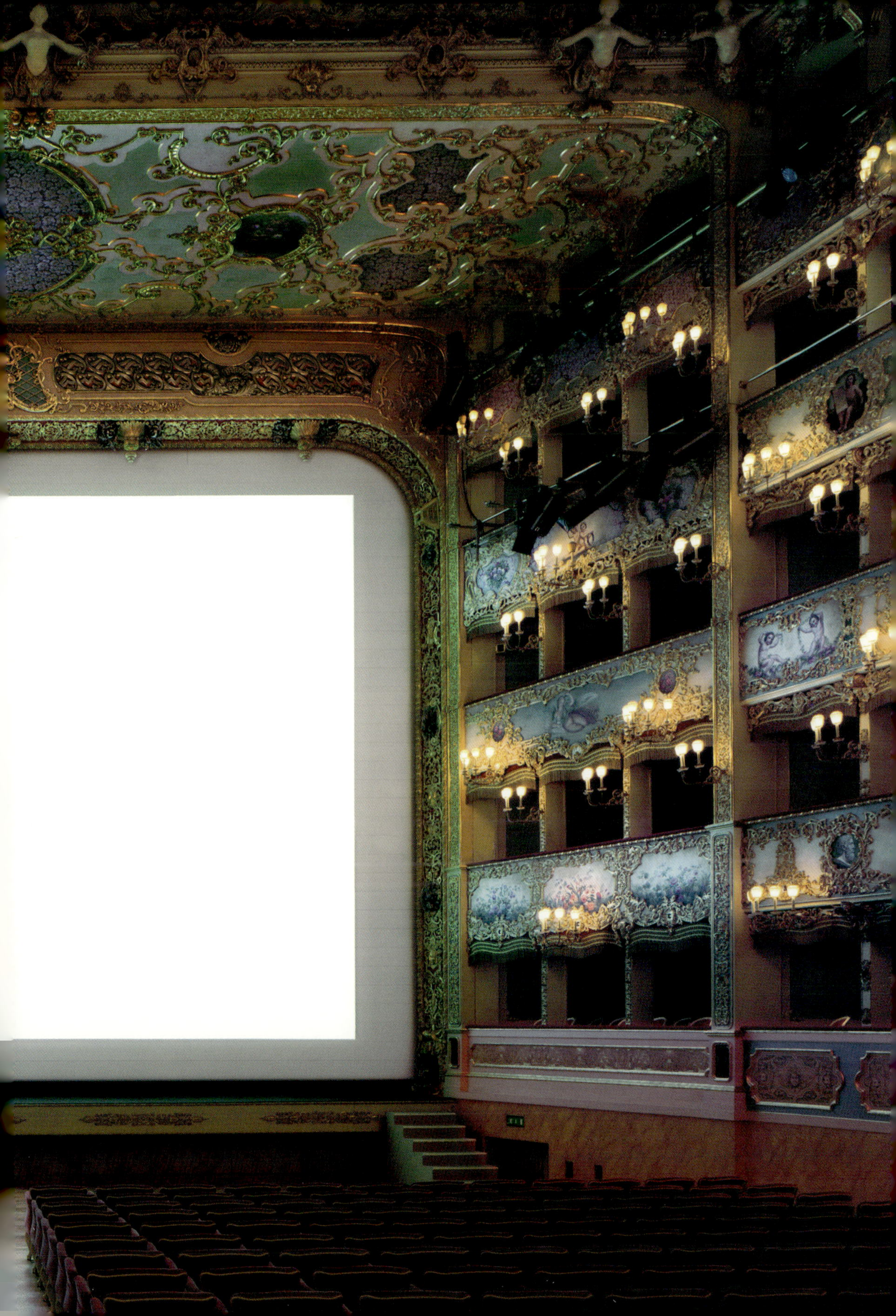

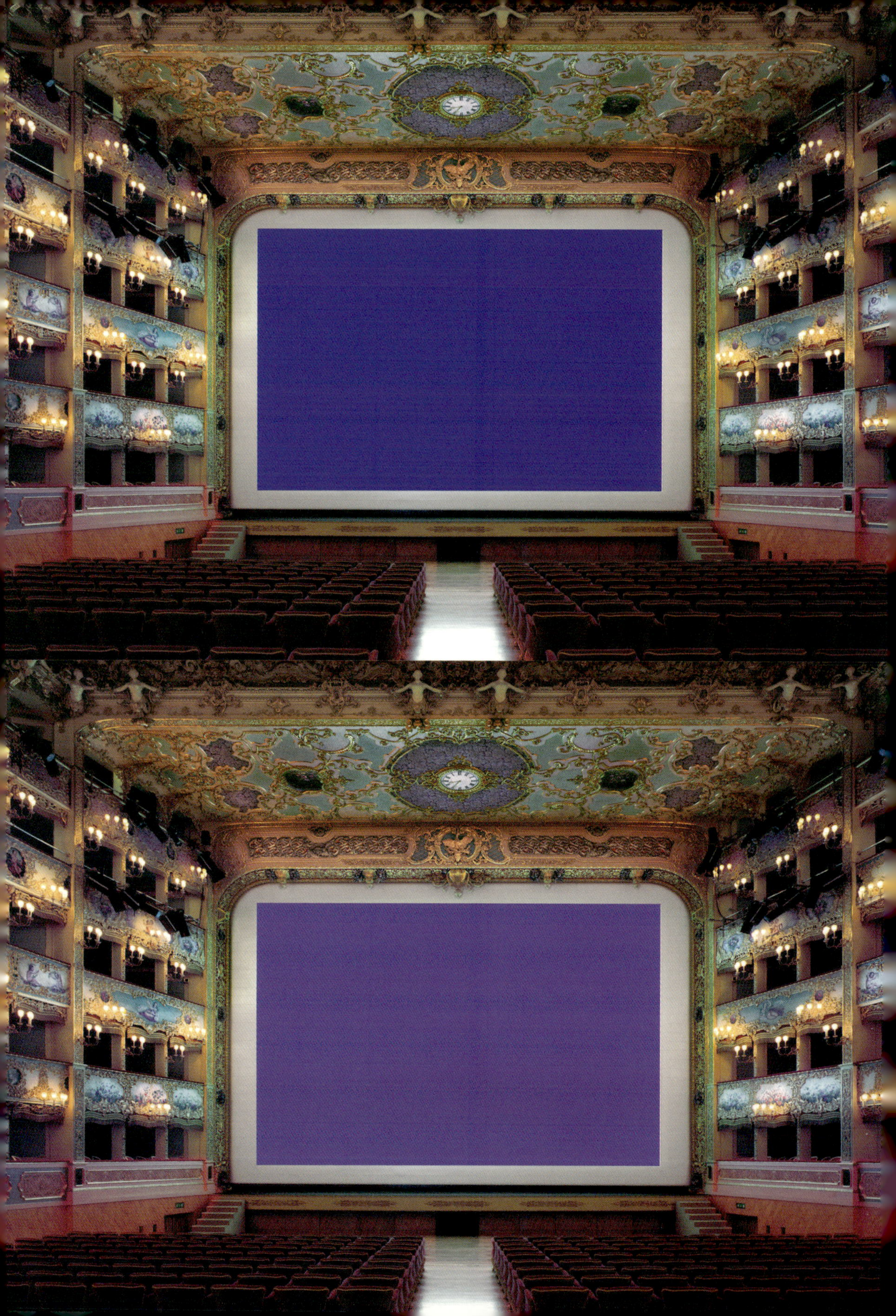

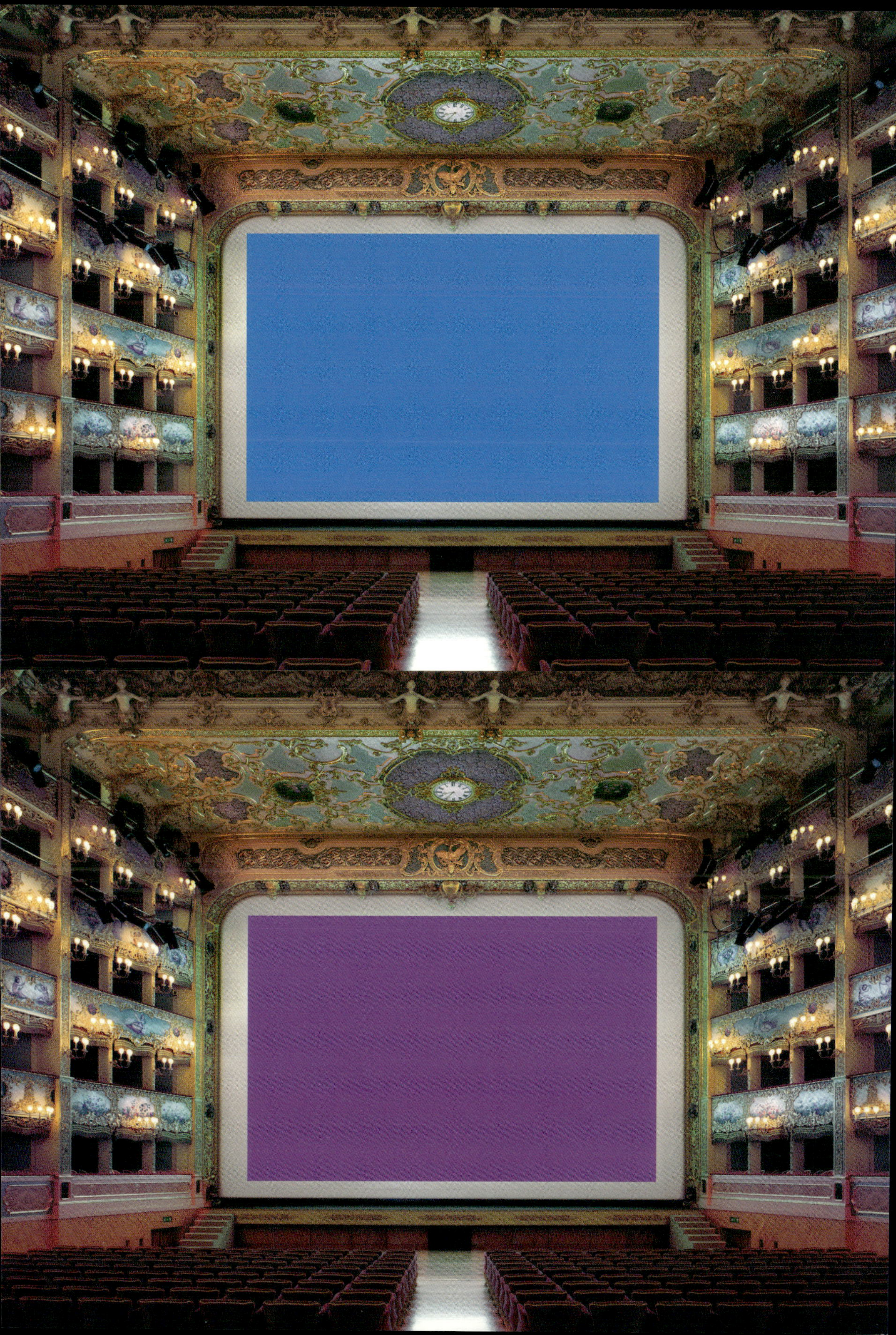

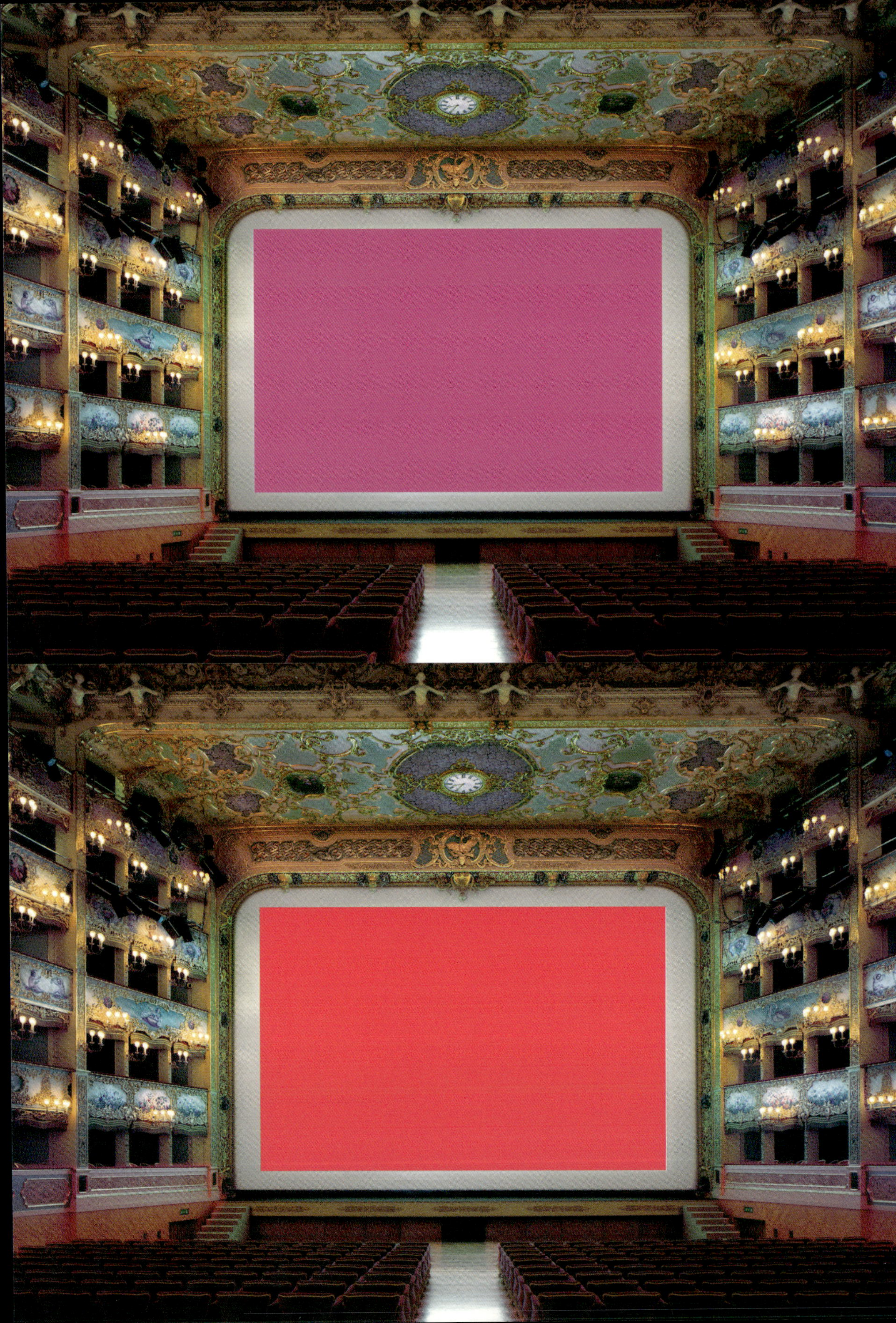

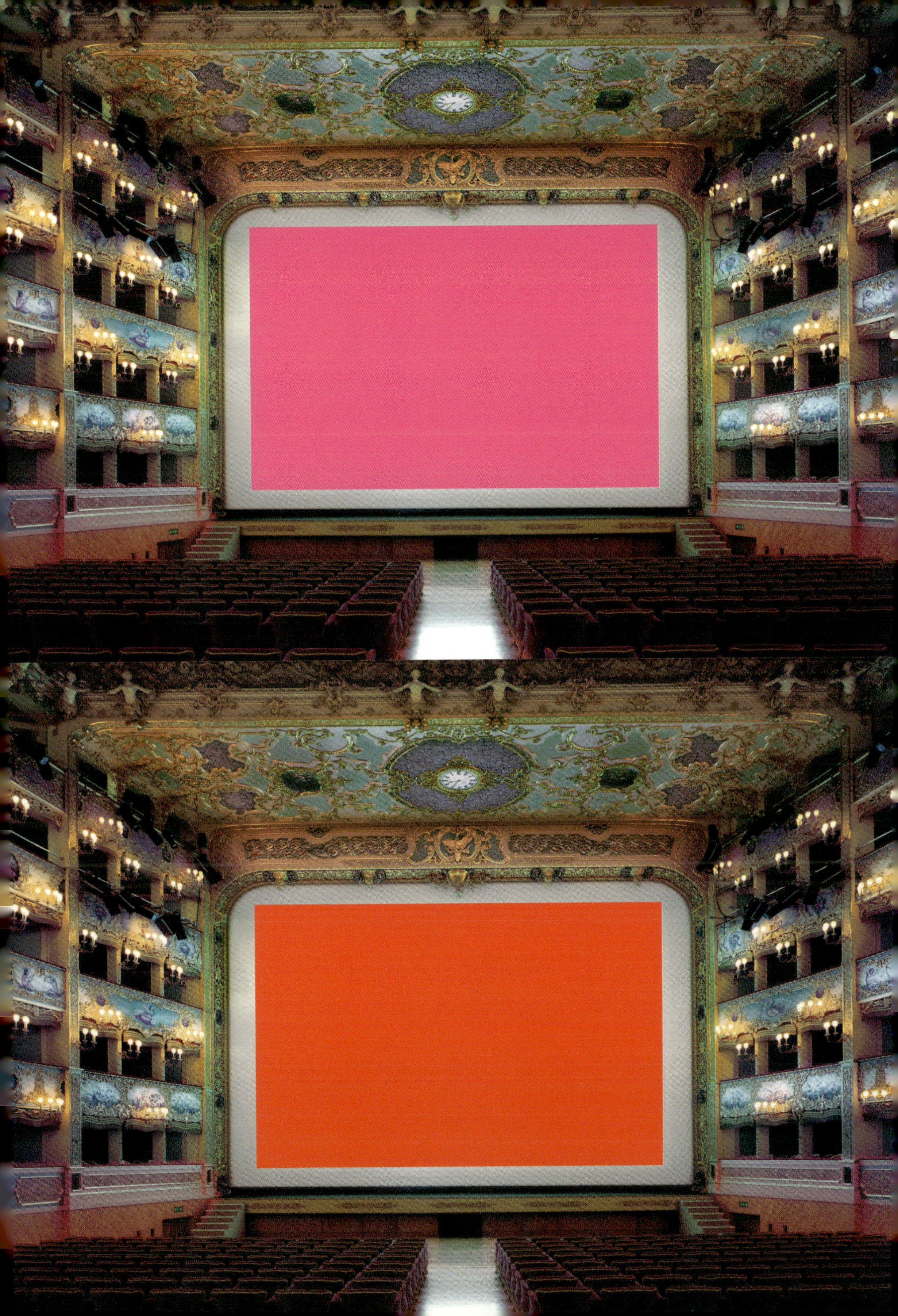

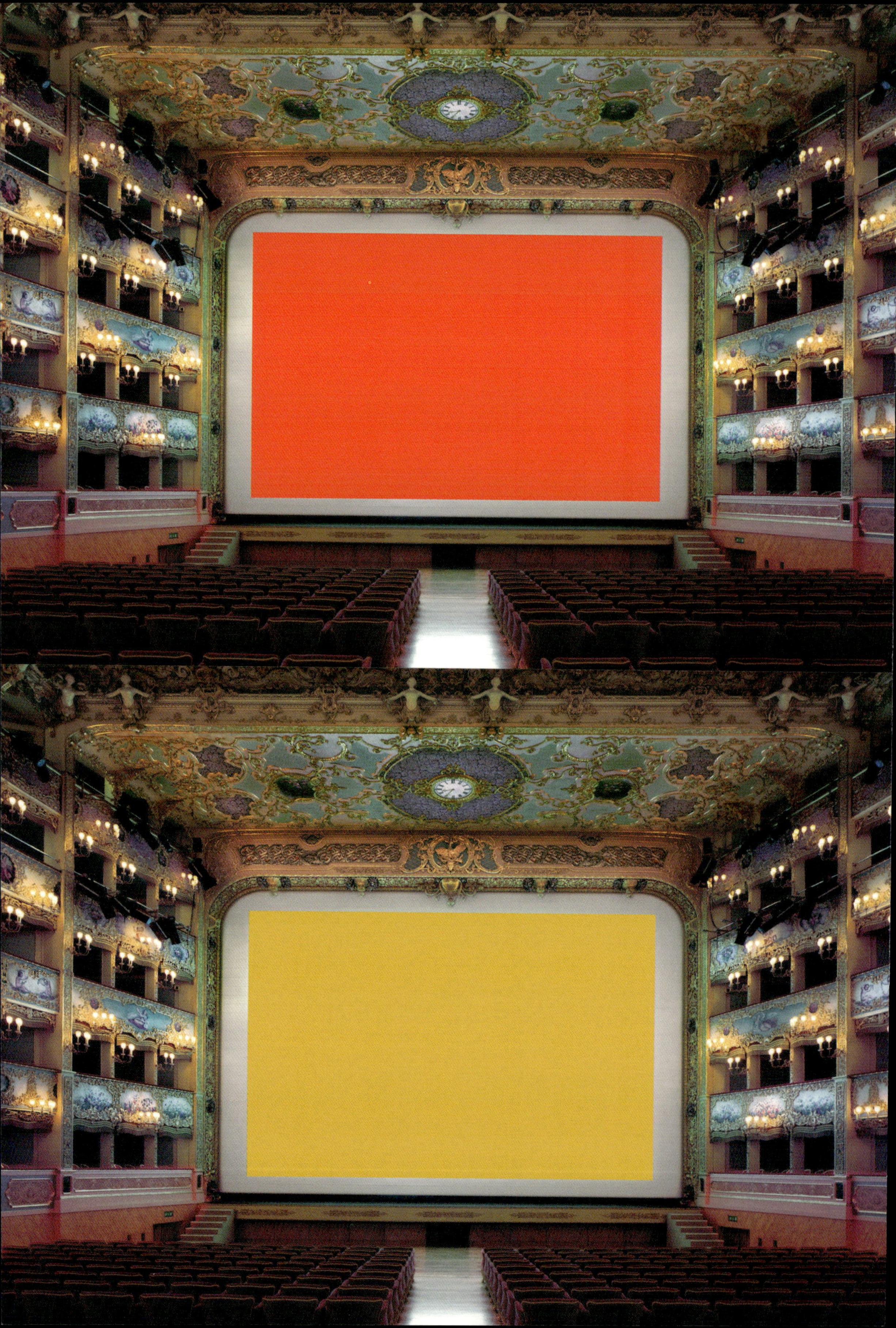

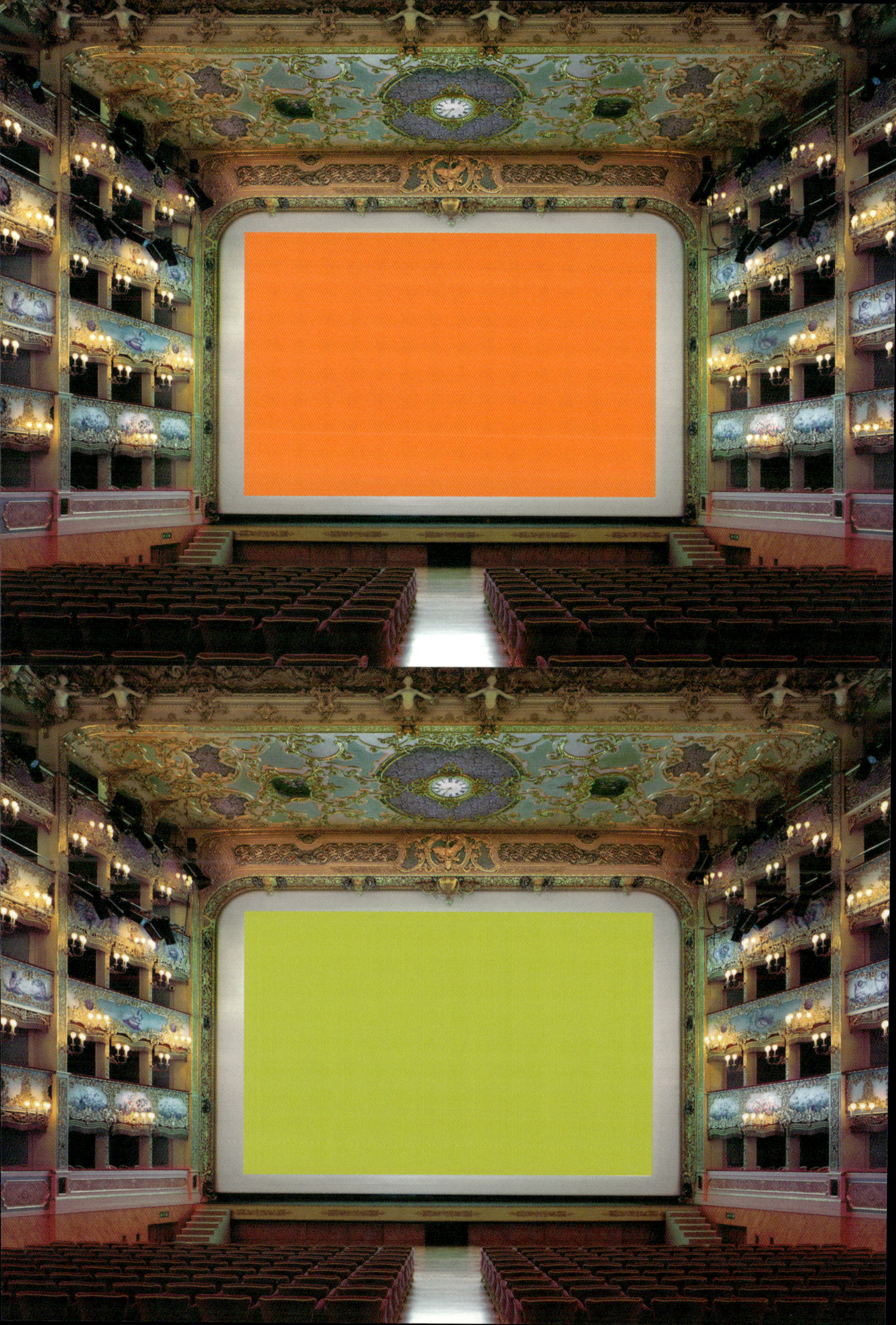

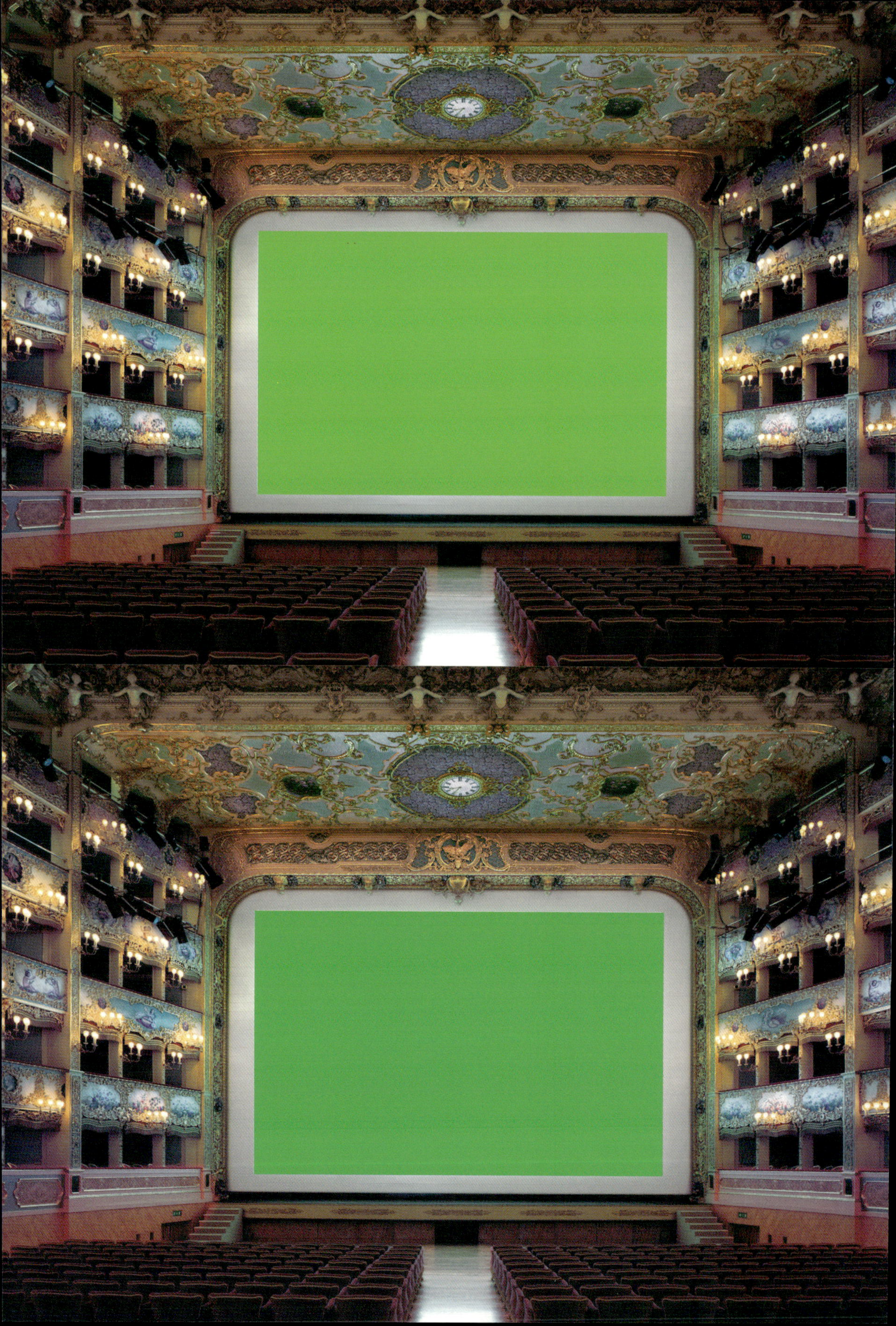

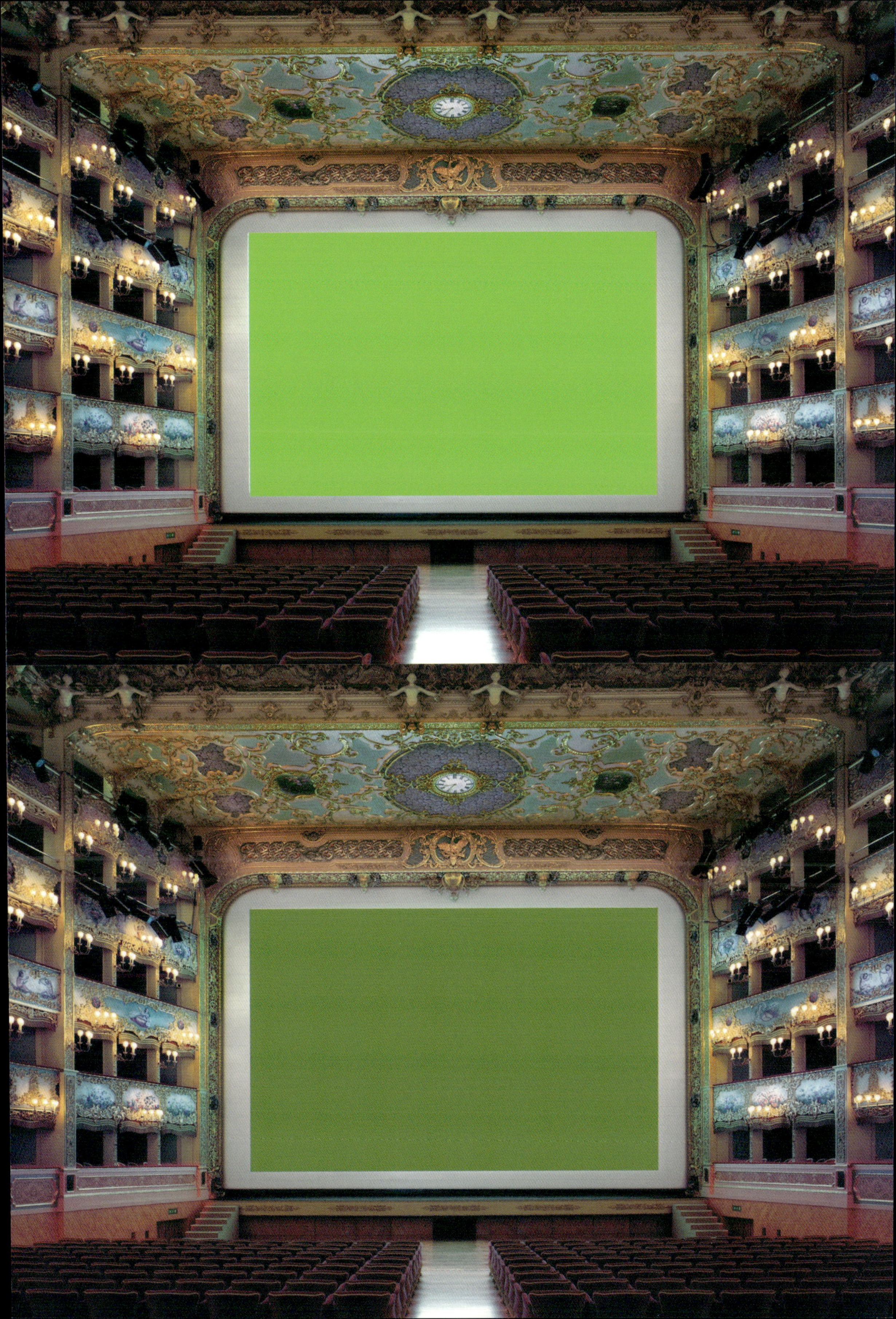

KIMSOOJA

CHARTA

Ideazione / Concept
Kimsooja

Assistente al design e all'impaginazione, elaborazione immagini / Design assistant, layout and image processing
Karen Schoellkopf

Assistente al progetto / Assistant to the project
Vanessa von Hessert

Coordinamento grafico / Graphic coordination
Gabriele Nason

Coordinamento editoriale / Editorial coordination
Filomena Moscatelli

Redazione / Editing
Sergio Di Stefano
Charles Gute
Karen Schoellkopf
Luca Zordan

Traduzioni / Translations
Alfred Birnbaum (pp. 132-139)
Jennifer Knaeble (pp. 22-29, 46-131)
Michele Restivo (pp. 46-131)
Steve Piccolo (pp. 30-43)

Ufficio stampa / Press office
Silvia Palombi Arte & Mostre, Milano

Grafica Web e promozione on-line / Web design and online promotion
Barbara Bonacina

ISBN 88-8158-588-X

Crediti fotografici / Photo credits
Luca Campigotto, Ju Myung Duk, Hal Lum, Kimsooja, Ryan King, Bill Orcutt, Jason Schmidt, Christian Wacher

Ci scusiamo se per cause indipendenti dalla nostra volontà abbiamo omesso alcune referenze fotografiche.
We apologize if, due to reasons wholly beyond our control, some of the photo sources have not been listed.

Edizioni Charta
via della Moscova, 27
20121 Milan
Tel.+39-026598098/026598200
Fax +39-026598577
e-mail: edcharta@tin.it
www.chartaartbooks.it

Printed in Italy

Per vedere ulteriori lavori di Kimsooja visitate / To see more work by Kimsooja, go to www.kimsooja.com

Kimsooja
To Breathe / Respirare

Proiezione video,
al Teatro La Fenice di Venezia, prima di ogni rappresentazione di *Die Walküre* e de *I Quatro Rusteghi*. Stagione teatrale 2005-2006

Mostra personale alla Fondazione Bevilacqua La Masa, piazza San Marco, Venezia

28 gennaio – 20 marzo 2006

Video projection
at Teatro La Fenice, Venice, presented before the performance of *The Valkyrie* and *School for Fathers*. Theatrical season 2005-2006

Solo exhibition at Fondazione Bevilacqua La Masa, piazza San Marco, Venice

January 28 – March 20, 2006

Progetto e catalogo a cura di / Project and catalogue edited by
Francesca Pasini

Coordinamento generale / General coordination
Dora De Diana

Curatore capo / Chief curator
Marco Ferraris

Organizzazione / Organization
Stefano Coletto
Marinella Venanzi

Segreteria / Secretary
Tina Ponticiello

Ufficio stampa / Press office
Giorgia Gallina
Mattia Zanetti

Fotografo / Photographer
Luca Campigotto

Documentazione video / Video documentation
Giampaolo Penco, Videoest-Italy

Montaggio video / Video editing
Larry Schmitt, DuArt-New York

Codifica dvd / DVD encoding
Michael Lantz, Malotek-New York

Masterizzazione suono per il video / Sound mastering for video
Carmen Borgia, DuArt-New York

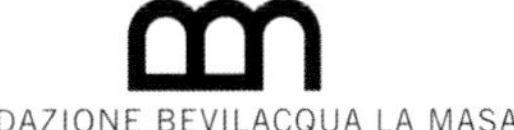

In collaborazione con
In collaboration with

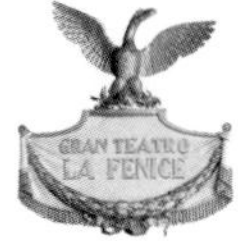

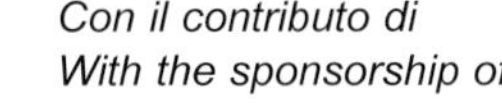
Con il contributo di
With the sponsorship of

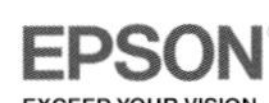

Collezione Enea Righi
Fondazione Pier Luigi e Natalina Remotti
Galleria Raffaella Cortese

Grazie a / Thanks to
Francesca Bertolotti
Lucia Cecchelin
Carla Conca
Raffaella Cortese
Alessandro De Pasquale
Eurocrom 4, Villorba (TV)
Silvia Martini
Bepi Morassi
Lorenzo Paini
Pier Luigi e Natalina Remotti
Enea Righi
Mauro Telò

Un ringraziamento speciale a /
Special thanks to
Giampaolo Vianello

Sommario / Contents

Angela Vettese
Francesca Pasini
Eleanor Heartney
David Morgan
Nicolas Bourriaud
Harald Szeemann
Gerald Matt
Jonathan Goodman
Bernhard Fibicher
Keiji Nakamura

A Wind Woman, 2003

To Breathe / Respirare

Angela Vettese

Nei suoi auguri per il 2006, Kimsooja ha donato agli amici una piccola storia vera. Due gemelle erano nate premature e una non sarebbe sopravvissuta. Una *nurse* ruppe la regola dell'ospedale e la mise nella stessa incubatrice. Una volta riunite, le bimbe si abbracciarono e la più forte aiutò la più debole a regolare la temperatura corporea e il suo ritmo cardiaco, consentendole di sopravvivere contro ogni previsione.
Nulla meglio di questo evento-metafora può introdurre con poesia l'occasione di questo volume, la seconda collaborazione tra la Fondazione Bevilacqua La Masa e il Teatro La Fenice di Venezia. Prima di ogni rappresentazione, per circa un mese, gli spettatori potranno vedere una sua proiezione sul sipario frangifuoco. La Bevilacqua La Masa è fiera di essere il primo centro d'arte italiano ad avere raggiunto un simile accordo con un teatro lirico.
Vedendo il video che Kimsooja ha scelto di proiettare alla Fenice, più ancora di quelli esposti negli spazi della Fondazione, è lecito domandarsi quali siano contenuto e significato. Poche occasioni come questa, infatti, sono adatte a spiegare come l'arte contemporanea non sia lontana dalla lirica nel metodo per comprenderla: il piacere iniziale e istintivo può diventare profondo e completo solo dopo che si sappia qualcosa della partitura musicale e del libretto. Dopo un primo livello di lettura, occorre essere disponibili a un secondo ascolto più competente e informato.
Il video scelto per l'occasione si intitola *To Breathe / Respirare*. È un

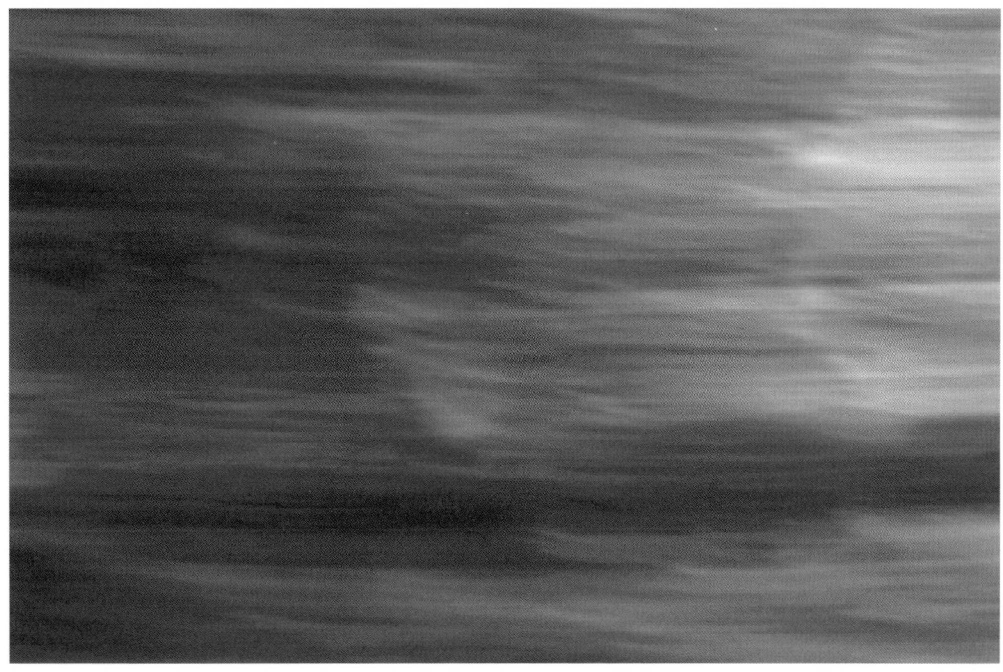

A Wind Woman, 2003

To Breathe / Respirare

Angela Vettese

In her 2006 New Year's wishes to her friends, Kimsooja included a short and true story about a pair of twin girls who were born prematurely. One of the twins was not expected to live. A nurse from the hospital decided to break the rules and placed the two infants in the same incubator. Once the newborns were placed together, side by side, they embraced each other. The stronger of the two helped to regulate the body temperature and heartbeat of the weaker one, thus enabling the weaker one to survive against all expectations. Nothing could introduce this book, the second collaborative effort between La Fenice Theatre and the Bevilacqua La Masa Foundation, more poetically than the story of this metaphoric event. For the duration of one month, and preceding each opera performance at the Teatro La Fenice, the public will have the opportunity to view Kimsooja's latest video work projected on the theater's screen. The Bevilacqua La Masa Foundation is proud to be the first Italian art center to have established an agreement of this kind with an opera house. Upon viewing Kimsooja's videos, both at La Fenice and at the gallery space of the Foundation, but in particular the one selected for the theater, it seems only fitting to ask ourselves what the contents and significance of such videos are. Indeed, here is one of those rare occasions that demonstrate how the methods of interpreting contemporary art are not so dissimilar from those used for interpreting opera: the initial and instinctive pleasure one receives is deepened and made more complete only upon having learned

alternarsi di colori che prevede appunto un ritmo di respiro, ora affrettato ora calmo. Privo di immagini e fatto solo di colori, il video ci racconta anche la necessità di avere aria, di avere vuoto, di avere spazio per riempire i polmoni. Respirare è un atto di sopravvivenza, ma anche di terapia dalle piccole e grandi agitazioni che la vita ci impone; respirare è essenziale ed è anche per questo che il video è un'immagine ridotta alla sua essenza, la luce.
Debitrice di Mondrian dal punto di vista artistico così come teorico, a suo dire, Kimsooja non tradisce però la sua prima tradizione: quella che nasce da un profondo rapporto con la vita e l'estetica coreana. In questo senso, *To Breathe / Respirare* porta a trovare le radici di questo lavoro nelle opere precedenti. Negli anni Ottanta l'artista utilizzava le stoffe di sua nonna come fonte per dei patchwork geometrici, spesso a forma di croce come nel caso di *The Earth and the Heaven* (1984). A discapito della geometria, la casualità della composizione si è accentuata in seguito in opere come *Toward the Mother Earth* (1990-1991) *The Mind and the World* (1991): stracci composti come rapide pennellate ma anche come frammenti di vita, trovati effettivamente per strada e riportati in vita. Anche la serie dei *Deductive Objects*, nati nei primi anni Novanta, era fatta di stracci messi insieme in questo modo, anche se sparsi sul pavimento in uno strascico variopinto o disposti come tovaglie sui tavolini di un bar.
Un concetto non lontano da quello che porta al video della Fenice sta in molte opere successive, dove l'idea di straccio è stata sostituita da quel drappo prezioso che, in Corea, viene donato agli sposi come copriletto: stiamo parlando dei "*Bottari*", che Kimsooja ha utilizzato in molti modi. Li ha distesi come panni, ma anche come decoratissimi piani di colore in relazione uno all'altro, in più di una circostanza (come *Bottari*, 2000; *A Laundry Woman*, 2000; *A Mirror Woman*, 2002). Già nei primi anni Novanta Kimsooja ha proposto il *Bottari* anche nella sua seconda veste, come il fagotto del viaggio: un frutto gonfio che contiene i pochi averi che si portano con sé. Nella performance organizzata per la mostra "Cities on the Move" Kimsooja ha attraversato con un camioncino, in undici giorni del novembre 1997, tutte le località che in Corea erano state essenziali per la sua identità: sapeva che se ne sarebbe andata, lasciando i propri affetti più cari in quel paese e alla volta dell'Europa e degli Stati Uniti. Le immagini la ritraggono con la schiena ritta sul rimorchio, appoggiata sui cumuli di *Bottari* che la sostenevano, ma che, psicologicamente, erano anche il suo fardello. Il *Bottari* come segno di identità vincolante, come modo per essere vista ma anche per diventare cieca, è diventato poi una cascata di colori addosso al corpo dell'artista in *Encounter: Looking into Sewing* (1998).
Il titolo di quest'opera ci introduce al cucire: un atto che Kimsooja ha trasfigurato nella lunga e laboriosa serie di video intitolata *A Needle Woman (Una Donna Ago,* 1999-2005): il suo corpo si presenta come un ago che, pur stando fermo e sfruttando il movimento della gente, penetra la folla e idealmente cuce le persone tra loro. Mettere insieme i colori o dei pezzi di stoffa non è diverso, in termini metaforici, da un "mettere insieme" tutto umano.
Respirare è un atto simmetrico e in questo si avvicina a un dato estetico

something about the musical score and the operatic libretto. It is only after a first reading that one is then ready for a second, more competent and knowledgeable understanding.

The title of the video chosen for the occasion is *To Breathe / Respirare*. It is a succession of colors that anticipate the rhythm of breathing—at times hurried, at times calm and composed. The video does not portray any images, rather only colors, and speaks of the need for air, emptiness, and space for filling our lungs. Breathing is an act of survival as well as a therapeutic response to the small and large troubles that life imposes on us. Breathing as an essential act explains why the video is an image reduced to its basic essence, that is, to light.

Although indebted to Mondrian from an artistic and theoretical point of view, as Kimsooja confirms herself, the artist does not betray her first and foremost tradition which stems from a deep relationship to Korean life and aesthetics. In this way *To Breathe / Respirare* leads us to look for its origins in the artist's previous works. In the 1980s Kimsooja used the fabrics and clothes that had belonged to her grandmother as a source for her geometric patchworks, which were often made in the form of a cross as in *The Earth and the Heaven* (1984). To the detriment of its geometry, the fortuitousness of the composition was then intensified in such later works as *Toward the Mother Earth* (1990–91) and *The Mind and the World* (1991): pieces of material arranged like rapid brush strokes, but also like fragments of life, collected from the street and somehow brought back to life. Also the series "Deductive Objects," created in the early 1990s, included strips of material compiled in this same way, even if scattered on the floor in a multi-colored trail or hung like tablecloths over tiny bar tables.

Many of the artist's subsequent works show concepts similar to the one presented in the video at La Fenice, where the idea of pieces of fabric, or rags, has been substituted by the valuable cloth that in Korea is given to newly wed couples as a nuptial bed covering. We are speaking of *Bottari*, which Kimsooja has used in numerous and varied ways. On different occasions they have been displayed like ordinary clothes, or as extremely decorative and interrelated layers of colors (e.g., *Bottari*, 2000; *A Laundry Woman*, 2000; *A Mirror Woman*, 2002). In the early 1990s Kimsooja presented the *Bottari* in another form, that of a traveling bundle: a swollen fruit containing just a few of one's possessions. In the performance presented at the exhibition "Cities on the Move," Kimsooja traveled by truck for eleven days in November of 1997 through all the Korean towns and cities that had been fundamental to the formation of her own identity. She was aware that she would soon be leaving behind Korea—and her fond attachment to it—to live and work in Europe and the United States. The images produced in this performance show her standing upright, with her back against the truck cab, and supported by the mound of *Bottari* that also served as a psychological reminder of her burden.

The *Bottari* as a sign of bound identity, as a way to be seen but also as a way to not see, became a cascade of color that draped and spilled forth from the body of the artist in the performance *Encounter: Looking into Sewing* (1998). The title of this work introduces us to the act of sewing, an act that Kimsooja transfigured in the long and arduous series of videos

che è presente nella maggior parte delle opere di Kimsooja, sia quelle in cui mette in gioco il proprio corpo, sia quelle in cui allestisce degli oggetti. Pensiamo all'installazione giocata sul centro di una serra quasi monumentale, come è accaduto a Lille con *Lotus: Zone of Zero* (2003): vi si vedevano 307 lanterne a forma di loto, da cui emanava un suono dalla triplice radice culturale; nello spazio si intrecciavano infatti canti tibetani, gregoriani e islamici, sempre nello spirito del cucire e legare. La simmetria diventa anche un modo per evidenziare i rapporti destra-sinistra, sopra-sotto, centro-esterno. Non a caso nella versione di *A Mirror Woman* alla Honolulu City Hall (*A Mirror Woman – the ground of nowhere*, 2003), si cucivano mani, emozioni e amicizie in una torre di garza assolutamente simmetrica: le persone erano invitate a sdraiarsi su di uno specchio circolare, che rifletteva la porzione di cielo aperta da un altro cerchio sopra l'altissimo cono. Simmetrica, del resto, è la posizione che Kimsooja assume quasi in ogni sua performance, compresa la meditazione solitaria sul fiume sacro Yamuna e, all'opposto, l'immersione nel caos di Times Square l'11 marzo 2005 (*A Beggar Woman*). Lo shock emotivo, che nel primo caso era solo dell'artista esposta alla natura e alla sua stessa interiorità, nella versione "donna mendicante" fu anche di tutti coloro che la vedevano seduta per terra, immobile come un loto, spuntata come un fiore di cui non si sa che fare. Anche le immagini in cui la simmetria viene perduta, come nella porzione della *Donna Ago* in cui l'artista si appoggia alla roccia e nei moti scomposti di *A Wind Woman* (2005), ribadiscono una mancanza di armonia e il desiderio di raggiungerla di nuovo. Come accade nel ciclo notte/giorno, ripetitivo e circolare, e già per questo connotato da simmetria pacificatrice, con cui l'artista ha segnato più di un suo video.
Il video *To Breathe / Respirare*, dunque, è una sintesi estrema e matura di tutti i *topoi* che si sono presentati nel lavoro di Kimsooja. Nulla è più simmetrico del monocromo. Questi monocromi sono cuciti tra loro da quell'ago elettronico che è la postproduzione. Colori e forma sono gli stessi di un certo Oriente di seta, ma anche di un Occidente modernista: così si inspira e si espira, la dualità si armonizza, tradizioni culturali lontane si congiungono e si allacciano come immagini che si specchiano. O come due gemelle che si aiutano a vivere.

Angela Vettese è presidente della Fondazione Bevilacqua La Masa; dirige il Corso di Laurea Specialistica in Arti Visive presso l'università IUAV di Venezia e insegna presso l'università Bocconi di Milano; è direttore della Galleria Civica di Modena. Ha redatto numerosi saggi in pubblicazioni italiane e straniere; ha pubblicato numerosi libri tra cui *Capire l'arte contemporanea*, Allemandi, Torino 1996; *Artisti si diventa*, Carocci, Roma 1998; *A cosa serve l'arte contemporanea*, Allemandi, Torino 2001; *Ma questo è un quadro?* Carocci, Roma 2005. Collabora dal 1986 a "Il Sole 24 ore".

entitled *A Needle Woman* (1999–2005). Here her body is presented as a needle which, although immobile and harnessing the flow of people around her, penetrates the crowd and knits the people together. In metaphorical terms, the combining of colors and pieces of cloth is no different than the "gathering" or "garnering" of people.

Breathing is a symmetrical act, and thus it is akin to a given aesthetic found in the majority of Kimsooja's works—both those where her own body is at play and those where objects are the central focus. Take for example the installation *Lotus: Zone of Zero* (2003) erected in the center of the nearly monumental greenhouse of Lille. The installation consisted of 307 lanterns in the form of lotuses, from which issued the sounds of three cultural sources: an interweaving of Tibetan, Gregorian, and Islamic chants, presented always in the spirit of sewing and binding. The symmetry also becomes a way for emphasizing the relationships therein: right/left, above/below, inner/outer. It is no coincidence that in the version of *A Mirror Woman* presented at the Honolulu City Hall (*A Mirror Woman – the ground of nowhere*, 2003), hands, emotions and friendships were sewn together in a completely symmetrical tower of gauze. Here visitors were invited to lie down on a circular mirror placed on the floor, one that reflected a portion of open sky exposed by another circle located above the tall cone of gauze. The position that Kimsooja assumes in almost all of her performances is one of symmetry, including her solitary meditation along the sacred Yamuna River, as well as her immersion in the chaos of Times Square on March 11, 2005 (*A Beggar Woman*). The emotional shock produced—which in the first case can be seen simply by the artist's exposure to nature and to her own intimate and internal thoughts—is also felt in *A Beggar Woman* by all those people who notice her sitting on the ground, immobile as a lotus, like some unexpected flower that has suddenly sprung forth. Even in those images where symmetry is absent, such as in the portion of *A Needle Woman* in which the artist leans against a rock, or in the disjointed movements of *A Wind Woman* (2005), the lack of harmony is reasserted along with a desire to regain it. This also happens in the repetitive and circular passage of day into night, a cycle characterized by a conciliatory symmetry that the artist has marked out in more than one of her videos.

The video *To Breathe / Respirare* is an extreme and mature synthesis of all the themes presented in Kimsooja's works. Nothing is more symmetrical than the monochrome. These monochromes are sewn together by that electronic needle called post-production. The color and form are similar to a kind of Asian silk, but also to Western modernism: in this way, one inhales and exhales, duality harmonizes, distant cultural traditions unite and connect like mirrored images, or like two twins helping each other to live.

Angela Vettese has been President of the Bevilacqua La Masa Foundation since 2002. She directs the Graduate Program in Visual Arts at the University IUAV of Venice, and teaches at Università Bocconi in Milan. She is the director of the Civic Gallery of Modena. She has published numerous essays for both national and international publications. Her published works include such books as *Capire l'arte contemporanea* (Allemandi, 1996), *Artisti si diventa* (Carocci, 1998), *A cosa serve l'arte contemporanea* (Allemandi, 2001), and *Ma questo è un quadro?* (Carocci, 2005). She has been a contributing art critic for the Sunday edition of the Italian newspaper "Il Sole 24 ore" since 1986.

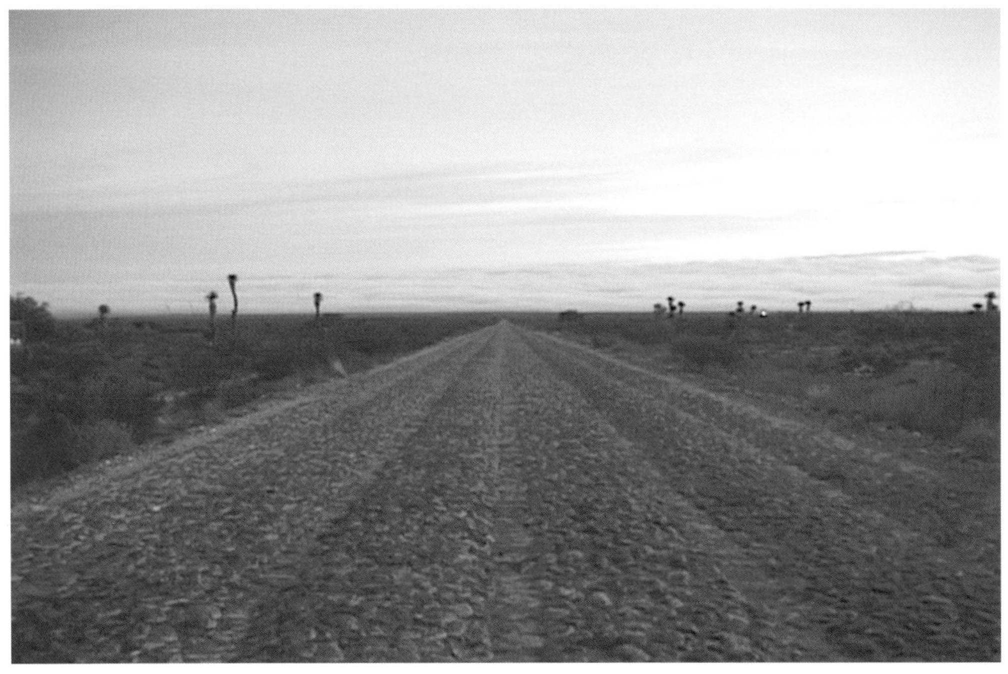

Bottari - waiting for the sunrise, 2000

Fare spazio

Francesca Pasini

Lo spazio, la luce, il corpo, sono gli elementi con i quali Kimsooja dà forma al mondo. La purezza delle immagini sembrerebbe situare la visione in un altrove, ma il prodigio riguarda la dimensione fisica.
Nei suoi *Bottari* (copriletti) ciò che colpisce è il sentimento della luce, vuoi per i riflessi della seta, vuoi per quel fagotto di stoffa che sembra planare come se non avesse peso: e la luce non ha peso. I *Bottari* sono anche una metafora del corpo, perché il letto è il luogo che sigla gli eventi primari dell'esistenza: la nascita, il sonno, il sogno, l'amore, la morte. Il nodo che sigilla queste sculture aumenta il loro silenzio e rimanda al suono, non udibile, della luce, e a quella particolare temperatura che è legata all'esilio, quando il ricordo improvviso di una luce, conosciuta e persa, riappare.
Nell'interazione spazio-luce-corpo, la figura dell'artista, che appare nei video, esplicita la soggettività di chi crea e delinea lo spazio che intercorre fra trascendenza e realtà incarnata. Uno spazio che non si limita all'autoritratto, ma, recuperando i gesti quotidiani del cucire e della cura domestica (i *Bottari*), evidenzia il legame che unisce l'essere e le cose. Per millenni queste cose sono state la cintura simbolica dell'identità femminile e il luogo dove si attuava la sua esclusione.
È qui dentro che Kimsooja va alla ricerca dell'essere in direzione "di un gioco tra *luogo* e *contrada,* cioè tra il raccogliersi delle cose nella *località* del loro reciproco con-appartenersi e la *libera vastità* in cui ogni cosa

Making Space

Francesca Pasini

Space, light and the body are the elements with which Kimsooja gives form to the world. The purity of the images might seem to situate the vision elsewhere, but this feat has to do with the physical dimension.
In her *Bottari* (bundles made with bedspreads), what strikes us is the feeling of the light, perhaps due to the reflective quality of the silk, or that the bundles of cloth seem to float weightlessly—and light has no weight.
The *Bottari* are also a metaphor for the body, because the bed is the place that witnesses the primary events of existence: birth, slumber, dreams, love, death. The knot that seals these sculptures increases their silence and evokes the inaudible sound of light, and also that particular tonality that is connected with exile, when the sudden memory of a light, once known and now lost, reappears.
In the space-light-body interaction the figure of the artist seen in the video indicates the subjectivity of the creator, outlining the space between transcendence and embodied reality. A space that is not limited to the self-portrait, but in the recovery of everyday gestures, like sewing and housework (the *Bottari*), sheds light on the link that unites being and things. For thousands of years these things have been the symbolic belt zone of female identity, and the place where its exclusion was effected.
This is where Kimsooja searches for being, toward "a play between *place* and *quarter*, i.e., between the gathering of things in the *locality* of their reciprocal belonging and the *vast open expanse* in which each thing simply *rests* in itself," as Gianni Vattimo writes in the introduction to Martin Heidegger's *Art and Space*.[1]
For Heidegger the *place* is defined by the possibility of arranging things, which are, in turn, themselves a place: therefore the *locality* is a grouping of places (and we cannot help but be reminded of the *Bottari* compressed in a truck), while the quarter indicates the *vast open expanse,* or the condition that permits things to arise, to rest in themselves, to gather in their mutual "belonging" (here we make an immediate association with the videos entitled *Bottari,* that show whirling snow, the storm, the rising sun, the sea). Heidegger believes the space of art, understood as *making space*, exists within this exchange.
The works of Kimsooja, besides creating a space, "make space" in the sense that they belong to the place in which they appear and, at the same time, they open the vision of an "open vastness." When Heidegger talks about making space, leaving space, of creating a void so the "co-belonging" of place and quarter can happen, he is referring to sculpture. Kimsooja's videos are also sculpture, because what emerges is the circularity of things that gather in on themselves to define the place and to open a quarter, while time incorporates the image, sharpening the three-dimensional aspect. The viewing proceeds in alternations of stillness and movement, indicating a full space-time whole, rather than a sequential notion of time.

riposa semplicemente in se stessa", come scrive Gianni Vattimo nell'introduzione a *L'arte e lo spazio* di Martin Heidegger.[1]
Per Heidegger il *luogo* è definito dalla possibilità di disporre le cose, che sono a loro volta un luogo: quindi la *località* è un insieme di luoghi (come non pensare ai suoi *Bottari* compressi in un camion?). Mentre la contrada indica *la libera vastità,* ovvero la condizione che permette alle cose di sorgere, di riposare in se stesse e raccogliersi nella loro reciproca "con-appartenenza" (immediata l'associazione con i video intitolati *Bottari*, che ritraggono il vorticare della neve, la tempesta, il sorgere del sole, il mare). All'interno di questo scambio, Heidegger individua lo spazio dell'arte, inteso come un *fare spazio.*
Le opere di Kimsooja oltre a creare uno spazio, *fanno spazio*, nel senso che appartengono al luogo in cui si manifestano e contemporaneamente aprono la visione di una *libera vastità*. Heidegger quando parla di fare spazio, di lasciare spazio, quindi di creare un vuoto perché avvenga la "con-appartenenza" di luogo e contrada, si riferisce alla scultura.
I video di Kimsooja sono anche delle sculture, perché ciò che emerge è la circolarità delle cose che, raccogliendosi in se stesse, definiscono il luogo e aprono una contrada, mentre il tempo incorpora l'immagine acuendo l'aspetto tridimensionale. La visione procede per alternanze di immobilità e movimento, che indicano il tuttotondo di spazio e tempo, più che l'idea sequenziale del tempo.
Come dichiara Heidegger: "il gioco dei rapporti di arte e spazio dovrebbe essere pensato a partire dall'esperienza di luogo e contrada, non già una presa di possesso dello spazio. La scultura non sarebbe affatto un confronto con lo spazio. La scultura sarebbe il farsi-corpo di luoghi che, aprendo una contrada e custodendola, tengono raccolto intorno a sé un che di libero, che accorda dimora a tutte le cose e, agli uomini, un abitare in mezzo alle cose".[2]
Ritrovo questo gioco di rapporti in tutti i video di Kimsooja: essi non esprimono il possesso dello spazio che prende corpo nelle sue opere, data la reciproca appartenenza tra la sua figura, le cose che lei dispone, e quelle che costituiscono dei luoghi in sé (i panorami e gli eventi che ritrae); non posseggono neppure gli spazi che li ospitano, perché la loro vastità non occupa i luoghi della rappresentazione, anzi, dà rilievo ai vuoti necessari perché ambedue possano "con-appartenersi". Un sentimento che, quasi direttamente, si trasmette anche all'osservatore.
Nel momento in cui la si vede ferma come un ago nella folla (*A Needle Woman,* 1999-2001), ciò che turba e coinvolge è la relazione tra il suo corpo e il farsi corpo di una località, che comprende luoghi realmente edificati e luoghi emotivi, sociali, razionali messi in atto da chi abita l'ambiente urbano.
Nel momento in cui vanno a contatto con il corpo dell'artista appare una nuova *località* dell'essere che non è definita in modo astratto, ma attraverso l'incontro di corpi diversi: quelli degli uomini che attraversano le strade di Delhi, Lagos, Tokyo, Città del Messico, New York, Londra, Shanghai; quelli dei singoli luoghi in cui Kimsooja ha compiuto la performance; quelli psichici che ancora vivono nell'opposizione maschile/femminile. L'ago, impersonato da Kimsooja, diventa il limite

As Heidegger says: "The play of relationships of art and space should be thought about starting with the experience of place and quarter, not simply taking possession of space. Sculpture is not actually a confrontation with space. Sculpture would be the way places embody themselves, opening a quarter and caring for it in order to keep something free gathered around them, to grant a dwelling to all things, to permit man to dwell in the midst of things."[2]

I see this game of relations in all the videos of Kimsooja: they do not express possession of the space that takes form in her works, given the reciprocal belonging between her figure, the things she sets forth, and those that constitute the places in themselves (the views and events she presents); they do not, in fact, possess the spaces that host them, because their vastness does not occupy the places of the representation, but actually enhances the voids required so that both are able to "co-belong." It is an emotion that is almost directly transmitted to the observer as well. When we see her standing still as a needle in a crowd (*A Needle Woman*, 1999–2001), what disturbs and engages us is the relationship between her body and the self-embodiment of a locality, including places of real edification and the emotional, social, rational sites generated by those who live in the urban environment.

In the moment of their contact with the body of the artist, a new "locality" of being appears, not defined in an abstract way, but through the encounter of different bodies: those of the men crossing the streets of Delhi, Lagos, Tokyo, Mexico City, New York, London, Shanghai; those of the individual places in which Kimsooja has done the performance; the psychic bodies that still exist in the male/female opposition. The needle, in the person of Kimsooja, becomes the boundary necessary to perceive a void in which to make room for feminine identity. It is a needle in a haystack, hard to recognize, easy to lose, but in the very moment when the (albeit narrow) space takes the form of a lone woman, motionless, silent in the crowd, a vast space opens up.

Thus Kimsooja's needle passes from an internal image, underlining the symbolic activity of sewing the hems of experience, to a metaphor of the earth's axis, joining the hemispheres and permitting rotation. The fact that all this becomes visible in a sculpture that, in spite of its lack of volume as a video projection, presents volume par excellence—namely the human figure—brings us back to the relationship between transcendence and embodied reality, which is the field of art's actuation, but also of the mystery that links the permanence of life to death.

The projection of the color spectrum in *To Breathe / Respirare* (2005) incorporates the space of Teatro La Fenice, but allows it to breathe independently, giving form to the inherent void of art's spacemaking. The video is projected on the firewall during the hour before the beginning of Richard Wagner's *The Valkyrie*, as the audience prepares to listen. The theater, not yet transfigured by the performance, is in a state of emptiness: seating, stage, balconies, furnishings define it as the "place" that is about to open to the "quarter" that will take form in the music, the singing, dancing and acting.

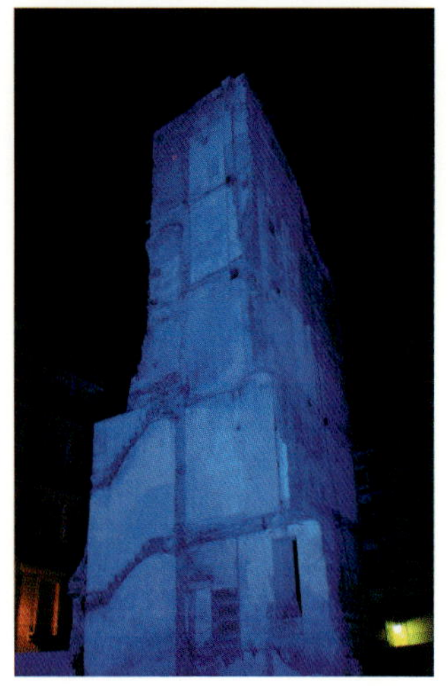
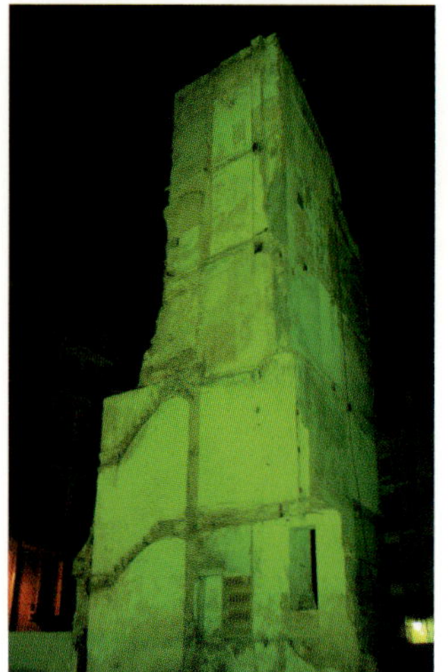
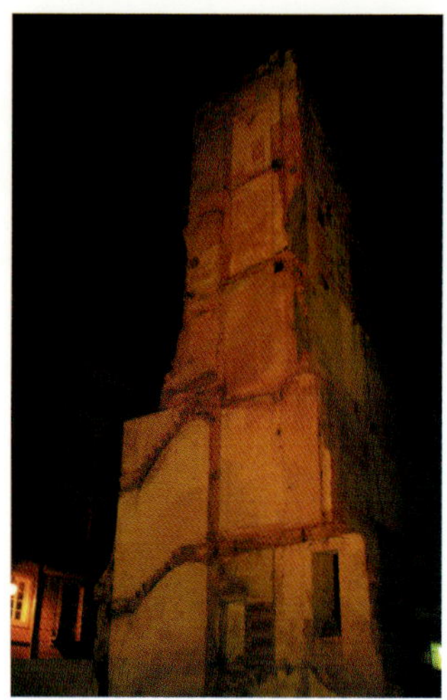

Solarscope, 2002

necessario per percepire un vuoto in cui fare spazio all'identità femminile. È un ago nel pagliaio, difficile da riconoscere, facile da perdere, ma nel momento stesso in cui circoscrive il – pur esiguo – vuoto di una donna sola, immobile, silenziosa nella folla, apre una vastità.
L'ago di Kimsooja passa così da immagine interna, che sottolinea l'attività simbolica di cucire i lembi dell'esperienza, a metafora dell'asse terrestre che unisce gli emisferi e consente la rotazione. Il fatto che tutto ciò si renda visibile in una scultura che, pur non avendo volume, come succede nella proiezione video, propone il volume per eccellenza, cioè la figura umana, ci riporta al rapporto fra trascendenza e realtà incarnata, che è il campo di attuazione dell'arte, ma anche del mistero che lega la permanenza della vita alla morte.

La proiezione dello spettro dei colori, *To Breathe / Respirare* (2005), incorpora lo spazio del Teatro La Fenice, ma lo lascia respirare autonomamente, dando figura al vuoto che è proprio del fare spazio dell'arte.
Il video viene proiettato sullo schermo tagliafuoco durante l'ora che precede l'inizio di *Die Walküre* di Richard Wagner, quando il pubblico comincia a disporsi all'ascolto. Il teatro, non ancora trasfigurato dalla rappresentazione, si trova in uno stato di vuoto: platea, palcoscenico, balconate, arredi lo definiscono come il *luogo* che sta per aprirsi alla *contrada* che prenderà corpo nella musica, nel canto, nella danza, nella recitazione.
Qui interviene Kimsooja con *To Breathe / Respirare*, l'unione appositamente creata per il Teatro La Fenice di due video: *Invisible Mirror* e *Invisible Needle*. Lo spettro dei colori, invade il diaframma che separa la cavea dal palcoscenico, quindi un vuoto. I colori slittano lentamente dall'uno all'altro e diventano uno specchio in cui si riflette il teatro stesso, poi procedono in maniera convulsa come la puntura invisibile e ripetitiva di un ago. Una visione aniconica che aleggia come un respiro e circoscrive lo spazio. Non si può possederlo. Si può far parte di questa

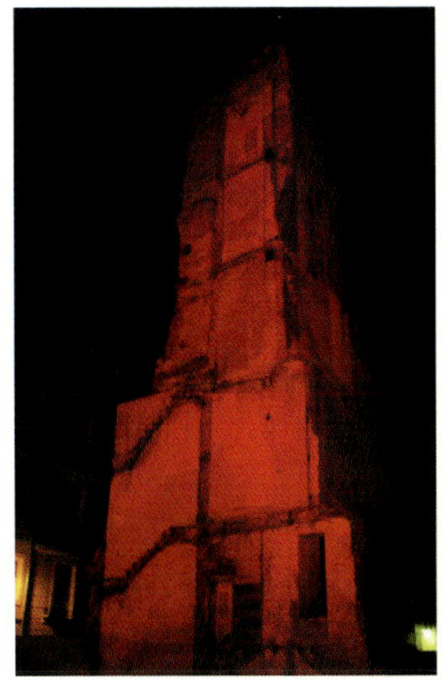
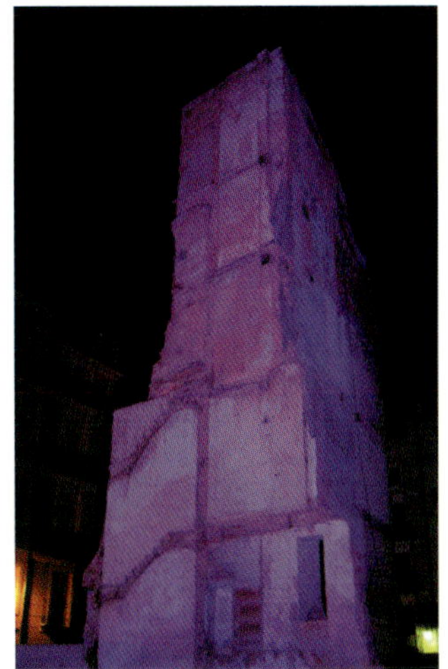
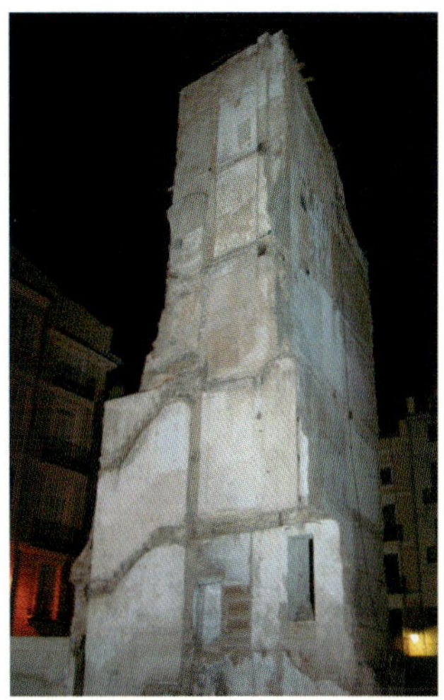

This is where Kimsooja intervenes with *To Breathe / Respirare*. It is the union—created for Teatro La Fenice—of two videos: *Invisible Mirror* and *Invisible Needle*. The color spectrum invades the diaphragm that separates the hall from the stage, a void. The colors slowly shift from one to the next and become a mirror in which the theater itself is reflected. Then they proceed in a convulsive manner, like the invisible, repetitive penetration of a needle. An aniconic vision hovers, breath-like, circumscribing the space. The space cannot be possessed. It is possible to be part of this rib cage in which everyone feels sheltered and enclosed. The result is an immaterial sculpture in which, as Heidegger said, "the self-embodiment of places" is in direct relation to the quarter that "grants a dwelling to all things."

Kimsooja's colors do not arrange themselves as an image added to existing images, but as a place capable of containing the theater itself, sheltering its authenticity. The breath she has translated into vision intertwines with the sound of the orchestra tuning up in that hour-long void of performance. It is not a set, a backdrop, but it creates conditions so that different expressions can flow together and draw light from one another.

Nevertheless there is a hidden link in the construction Kimsooja has designed. It can be seen on January 27, a day without a performance of *The Valkyrie*, when the theater will be open to the public only for the screening. No players will be tuning up in the orchestra pit, so there will be another void. The spectators will not be waiting for an event; the event will be the theater itself. That evening *To Breathe / Respirare* will be accompanied by the "sound sculpture" *The Weaving Factory 5.1* (2004). The sound is produced by the gradually accelerating breathing of the artist, which interweaves in synchrony with the images and spreads out into the space like an impalpable bubble. The sensation is exactly that of the "self-embodiment" that prevents possession of the space.

An equally impalpable architecture of walls, arches, floors and windows rises inside and around the theater, while the color spectrum is reflected

cassa toracica in cui ognuno si sente contenuto e custodito. Ne deriva un'immateriale scultura, in cui, come diceva Heidegger, "il farsi-corpo dei luoghi" è in diretto rapporto con la contrada che "accorda una dimora a tutte le cose".
I colori di Kimsooja non si dispongono come un'immagine che si aggiunge a quelle esistenti, ma come un luogo in grado di contenere il teatro stesso e di custodirne l'autenticità. Il respiro, che ha tradotto in visione, si intreccia al suono degli orchestrali che provano gli strumenti durante quell'ora di vuoto di rappresentazione. Non costituisce un fondale scenico, ma crea le condizioni perché diverse espressioni confluiscano e prendano luce l'una dall'altra.
C'è tuttavia un anello nascosto nella costruzione che Kimsooja ha progettato. Lo si potrà vedere il 27 gennaio, giorno di pausa della rappresentazione, quando il teatro sarà aperto al pubblico per assistere solo alla sua proiezione. Nella buca gli orchestrali non suoneranno, quindi ci sarà un altro vuoto. Gli spettatori non saranno in attesa di un evento, l'evento sarà il teatro stesso. Per quella sera *To Breathe / Respirare* sarà accompagnato dalla "scultura sonora" *The Weaving Factory 5.1* (2004). Il suono è prodotto dal ritmo, man mano più veloce, del respiro dell'artista, che si intreccia sincronicamente alle immagini e si dilata nello spazio come una bolla imprendibile. Si avverte esattamente quel "farsi-corpo" che impedisce il possesso dello spazio.
Un'impalpabile architettura con pareti, archi, piani, finestre sorge dentro e attorno al teatro, mentre lo spettro dei colori si riflette nelle luci che sottolineano gli ordini dei palchi, a volte infuocano un faro. L'azione di respirare, interna all'immagine e al suono, ridefinisce lo spazio del teatro. Se pensiamo al corpo umano sappiamo riconoscere il respiro, ma anche le piante, l'acqua, la terra respirano, eppure il suono non è udibile. Kimsooja, nel momento in cui usa la sua cassa toracica per creare un volume d'aria ci fa percepire il sentimento di essere contenuti in uno spazio. Chi non ha provato un senso di espansione nel momento in cui ha raggiunto qualcosa? E quell'espandersi della mente e del cuore non corrisponde a un grande respiro?
Il verbo respirare, che unifica i tre lavori presentati al La Fenice e quelli che compongono la mostra presso la Fondazione Bevilacqua La Masa, richiama il gesto di plasmare un volume con l'aria, la luce, il colore. Può sembrare una metafora poetica, ma in realtà corrisponde all'agire della vita che non produce solo oggetti tangibili, ma molteplici sculture aeree come sono i pensieri, i sentimenti, le paure, le ansie, le gioie. La loro consistenza affolla l'esistenza, anche di chi non ha la facoltà di elaborarle in spazi circoscritti dall'arte, dalla poesia, dall'applicazione intellettuale.

In questo progetto per La Fenice Kimsooja compie un passaggio rispetto alle sue opere precedenti: il visibile perde sempre di più i limiti prospettici a favore di una dilatazione che non si risolve in un'astrazione, ma nel farsi-corpo dell'arte mentre capta la dimensione di apertura che riposa all'interno dell'essere e, in quanto tale, non ha cornici, né spazi prefissati, ma è un perenne disporre le cose per assecondare la mobilità dell'esperienza. Spesso si è visto in questo la qualità originale dell'invenzione artistica,

in the lights that mark the orders of the balconies, at times igniting a spotlight. The action of breathing, inside the image and the sound, redefines the space of the theater.
If we think about the human body we know how to recognize breathing, but plants, water and earth also breathe, though inaudibly. Kimsooja, when she uses her rib cage to create a volume of air, triggers our perception of being contained in a space. Who has never felt a sense of expansion when something has been reached? Doesn't that expansion of the mind and the heart correspond to a great breath?
The verb "to breathe," which unifies the three works shown at La Fenice and those in the exhibition at Fondazione Bevilacqua La Masa, evokes the gesture of shaping a volume with air, light and color. It may seem like a poetic metaphor, but it actually corresponds to the activities of life that not only produce tangible objects, but also multiple airy sculptures such as thoughts, sentiments, fears, anxieties, joys. Their consistency crowds our existence, including those who are not able to process them in the circumscribed spaces of art, poetry and intellectual endeavor.

In this project for La Fenice, Kimsooja makes a passage with respect to her previous works: to an increasing extent, the visible loses its perspectival limits, moving toward an expansion that is not resolved in abstraction, but in the self-embodiment of art as it grasps the dimension of openness that rests within being and, as such, has no frames, no preset spaces, but is an eternal arrangement of things in response to the mobility of experience.
This has often been seen as the original quality of artistic invention. But every work, even the most rigidly concluded one, harbors change inside it; from time to time it takes on new meanings, in fact, depending on the existence of the observer. Kimsooja focuses her gaze inside the mobile matter of perception and translates it into works that set out to give form to the openness that lies within human existence and nature.
Kimsooja accepts being part of and recording a passage, a boundary, a duration. In short, she is willing to become a needle, precise like that of a scale, but also slender, invisible.
The fact that the word "needle" is found in many of her titles underscores the link between the visible and what determines it, though the latter is not in the foreground, including the manual activity that has had such an important role to play in defining the material culture of women. Sewing is an action that excludes: it must be stationary work, yet it cannot limit the perception of an inescapable opening. We can try to forget about it, but it pricks and stings anyway.

In the exhibition at Fondazione Bevilacqua La Masa, Kimsooja presents several videos never shown elsewhere, representing the background for this new passage in her work. All of them put us face to face with the immobility of passing time: seemingly a paradox, but an actual reality. It's hard to perceive the transient nature of time. Usually we need a separation, an element that modifies the habitual state. Kimsooja frames this apparently immobile mobility. She guides us through the effort of

ma ogni opera, anche quella più rigidamente conclusa, ha in sé il cambiamento: di volta in volta acquista, infatti, nuovi significati che dipendono dall'esistenza di chi la osserva. Kimsooja pone il suo sguardo dentro la materia mobile della percezione e la traduce in opere che si prefiggono di dare forma all'apertura, che sta dentro l'esistenza umana e dentro la natura.
Kimsooja stessa accetta di farne parte e di registrare un passaggio, un limite, un'attesa. Insomma di diventare un ago che è preciso come quello della bilancia, ma anche esile e invisibile.
Il fatto che la parola "*ago*" si ritrovi in molti dei suoi titoli esplicita il legame tra il visibile e ciò che lo determina, pur non essendo in primo piano, ma anche quell'attività manuale che tanta parte ha avuto nel definire la materialità delle donne. Cucire è un'azione che esclude, che obbliga a un lavoro sedentario, ma non per questo limita la percezione di un'apertura a cui non si sfugge. La si può rimuovere, dimenticare, ma punge comunque.

Nella mostra alla Fondazione Bevilacqua La Masa Kimsooja ha raccolto alcuni video, mai visti prima, che possono costituire il precedente a questo nuovo passaggio della sua ricerca. In tutti ci si trova davanti all'immobilità del tempo che scorre: sembra un paradosso, ma è la realtà. È difficile percepire il tempo nella sua transitorietà. In genere c'è bisogno di uno stacco, di un elemento che modifica lo stato abituale. Kimsooja inquadra questa mobilità, apparentemente immobile. Ci guida nello sforzo di attendere, di lasciarci attraversare dal tempo e dall'immagine.
Deep Breathing (1998): il cielo è vuoto, denso di umidità, fantasmi nebbiosi si avvitano in vortici, due uccelli lo attraversano con rotte imprendibili. Il respiro, come dice il titolo, è immerso nella profondità, ma è anche leggero come un volo.
Bottari – chasing the fog (2000): siamo in Messico, a Real de Catorce. Una pianura con bassi cespugli è coperta dalla nebbia, non è così fitta, ma impedisce la visione del cielo, la macchina da presa si muove orizzontalmente, con piccoli scatti come se stesse "*scavando*" la nebbia, per intagliare delle sculture con la materia morbida dell'acqua e dell'aria condensate. Gli scatti della macchina da presa tagliano l'immagine e sbozzano evanescenti volumi.
Bottari – waiting for the sunrise (2000), riprende una strada sassosa, desertica, sempre a Real de Catorce. L'aurora l'ha già rischiarata, ma in fondo, tra le nuvole appena rosate, si sente che il sole non è ancora sorto, o almeno che in quel punto dell'orizzonte non è visibile. Il video dura cinque minuti, un tempo breve eppure lunghissimo se non c'è nulla che muova la scena. Lo sforzo risiede, appunto, nel disporsi alla concentrazione per vedere la vastità e non soltanto per pensarla. Un po' alla volta gli occhi hanno il sopravvento sulla mente, si amalgamano al tempo e accettano l'invisibile. Alla fine le nuvole si illuminano del tutto e si distingue un faro bianco che si muove lontano, lungo la linea dell'orizzonte. Una macchina che corre su una strada? Può darsi. Capiamo che la vita si risveglia, che il sole è completamente emerso. Il video finisce senza preavviso, esattamente come succede con il sole, la

waiting, of letting ourselves be crossed by time and image.
Deep Breathing (1998): The sky is empty, dense with humidity, foggy phantoms twist in eddies, two birds cross the sky along unpredictable routes. The breathing of the title is immersed in depth, but also light, like flying.
Bottari – chasing the fog (2000): We're in Mexico, at Real de Catorce. A plain with low shrubs is covered by fog that is not particularly dense, but prevents us from seeing the sky. The camera moves horizontally, in short movements, as if it were "digging" through the fog, carving sculptures out of the soft material of the condensed water and air. The camera movements cut the image, hewing out evanescent volumes.
Bottari – waiting for the sunrise (2000): A rocky, desert-like road, again in Real de Catorce. The dawn has already brought light, but in the background, amidst the pale pink clouds, one can sense that the sun hasn't yet risen, or at least that point on the horizon is not visible. The video lasts five minutes, a short span, yet very long if nothing is moving in the scene. The effort involves summoning the concentration required to see the vastness, not just to imagine it. Gradually the eyes take over from the mind, joining with time, accepting the invisible. At the end the clouds light up completely and we can make out a beacon moving in the distance, along the horizon. A car driving down a road? Perhaps. We understand that life is reawakening, that the sun has completely emerged. The video ends without warning, just as happens with the sun. The initial grazing light lasts a long time and then, suddenly, invades the sky above us.
Bottari – throwing the globe (2000): Mexico, Real de Catorce. The earth is a magma thrown into the air, it rotates and drags with it the sky and the profile of a plain, frayed by golden lights. It is an unreal cosmic motion governed by the desire to throw us into a symbiotic circularity with nature, independent of the physical laws of gravity.
Bottari – drawing the snow (2001): New York. There is no longer any distance between the observer and the sky in which snowflakes whirl, dense, thin, spread like leaves, creating eddies and pauses. It's a kind of dripping, gorgeous, beyond human gesture.
Bottari – Alfa Beach (2001): the relationship between earth and sky is inverted. Below, in place of the beach, we see the sky. Above, the sea. They are divided by a cutting line that makes a division with respect to the boundless vastness of the horizon. In this gravitational inversion, the eternal alternation of the waves loses its meaning of natural cohesion and creates disorientation. At the end the caption says: "The video was shot in Nigeria, at Alfa Beach, one of the many ports of the slave trade." Perhaps this overturning indicates the unnatural reversal of freedom into slavery. In that moment, even the cosmic coordinates are disrupted.

A Wind Woman (2001): Gusts of intense gray, alternating with patches of blue, cross the screen creating fluid paintings. For centuries women have been interpreted as a metaphor of nature. In ancient societies, before the birth of the Greek civilization, as the great anthropologist Marija Gimbutas has written, the feminine presence was worshipped

luce iniziale, radente dura a lungo e poi, improvvisamente, invade il cielo sopra di noi.
Bottari – throwing the globe (2000): Real de Catorce, Messico. La terra è un magma che viene lanciato nell'aria, ruota e trascina con sé il cielo e il profilo di una pianura, sfrangiata da luci dorate. È un movimento cosmico irreale, governato dal desiderio di gettare se stessi in una circolarità simbiotica con la natura, indipendente dalle leggi fisiche della gravità.
Bottari – drawing the snow (2001): New York. Non c'é più distanza tra chi guarda e il cielo in cui vorticano fiocchi di neve, fitti, sottili, slabbrati come foglie; si creano vortici, pause. È una specie di *dripping*, bellissimo e fuori dalla portata del gesto umano.
Bottari – Alfa Beach (2001): il rapporto tra terra e cielo è invertito, in basso, al posto della spiaggia, troviamo il cielo e in alto il mare, divisi da un retta tagliente, che determina una cesura rispetto allo sconfinamento dell'orizzonte. In questa inversione gravitazionale, il perenne alternarsi del moto ondoso perde il senso di coesione naturale e crea spaesamento. In chiusura una didascalia: "Il video è stato girato in Nigeria, ad Alfa Beach, uno dei tanti porti del commercio degli schiavi". Forse questo capovolgimento indica l'innaturale inversione della libertà in schiavitù, in quel momento anche le coordinate cosmiche si confondono.

A Wind Woman (2001): folate di grigio intenso, inframmezzate da sprazzi di azzurro, attraversano lo schermo creando fluidi dipinti. Per secoli la donna è stata interpretata come metafora della natura. Nelle società antiche, che hanno preceduto la nascita della civiltà greca, come ha scritto la grande antropologa Marija Gimbutas, la presenza femminile era oggetto di culto e imperniava uno sviluppo sociale che non conosceva la guerra. I rapporti si fondavano su una dinamica egualitaria tra uomini e donne. Non si trattava di un matriarcato, ma di un riconoscimento del mistero riproduttivo della vita.
Con questa "donna vento", Kimsooja sposta la simbologia femminile dalla consueta metafora della madre terra a un'energia che, come il vento, scuote ogni specie vivente. Tra la *Needle Woman,* ferma in mezzo a una corrente umana, e la *Wind Woman*, che vola nell'aria, nasce una parentela: ambedue sono luoghi dai quali si accede alla vastità della convivenza e della struttura biologica che ci determinano.

La percezione che si ha in tutti i video, presentati a Venezia da Kimsooja, riguarda un tema frequente nella storia dell'arte del secolo scorso, cioè la ricerca di un'astrazione in cui rintracciare il momento originario della visione e del pensiero. Malevič, affermava di voler "andare oltre l'odiata superficie delle cose reali per scoprire i mondi silenziosi che vivono dietro la luce del sole". Kimsooja sembra fare il cammino opposto, e indaga la luce che riposa dentro le cose quotidiane.
Nelle avanguardie dell'inizio del Ventesimo secolo, la tensione a rompere i canoni figurativi era in sintonia con la nascita della fisica moderna. Oggi, le tecnologie informatiche hanno creato un contatto diretto tra scoperta scientifica e fruizione quotidiana. Risulta quindi meno pressante l'aspetto concettuale, astratto; c'é piuttosto la necessità, prevista da Heidegger nel

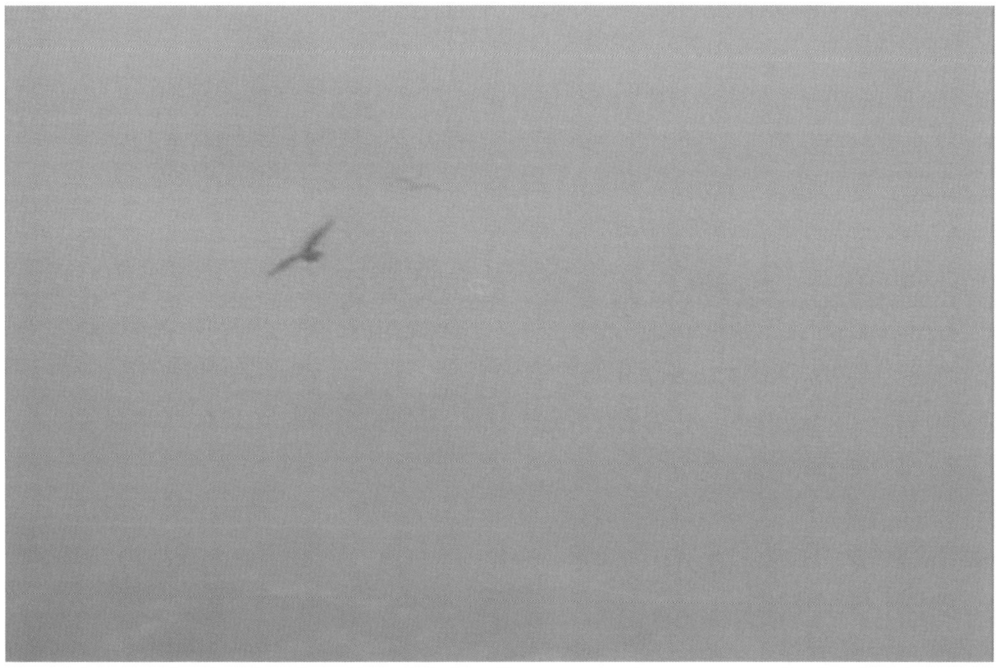

Deep Breathing, 1998

and formed the focal point of a social development in which there was no war. Relationships were based on an egalitarian dynamic between men and women. This was not matriarchy, but recognition of the reproductive mystery of life.

With this "wind woman," Kimsooja shifts feminine symbolism away from the usual Mother Earth metaphor toward an energy, the wind, that buffets every living species. A relationship arises between the *Needle Woman,* standing still in the midst of a human current, and the *Wind Woman*, who flies in the air: both are places from which to access the vastness of coexistence and the biological structures that determine us.

The sense we get of all the videos presented in Venice by Kimsooja has to do with a theme that frequently returns in the history of the art of the last century, namely the pursuit of an abstraction within which one rediscovers the original moment of vision and thought. Malevich said he wanted "to go beyond the despicable surface of real things" to "discover the silent worlds that live behind the light of the sun." Kimsooja seems to take the opposite path, investigating the light that rests inside everyday things.

In the avant-gardes of the early twentieth century, the urge to break with figurative canons was in tune with the birth of modern physics. Today, computer technologies have created a direct contact between scientific discovery and its everyday appreciation. So the conceptual, abstract aspect is less urgent. Instead, there is a need, foreseen by Heidegger in 1969, to delve into the dynamic between the space of art and that which concerns "the habitation of men, for a possible dwelling of the things that surround them and have to do with them."[3]

1969, di approfondire la dinamica tra lo spazio dell'arte e quello che concerne "l'abitare degli uomini, per un possibile dimorare delle cose che li attorniano e li riguardano".[3]
Qui sta la questione: in che cosa consiste l'abitare di oggi? Quali sono le cose che ci attorniano? Internet ha reso raggiungibile tutto il pianeta. La scena dell'arte si è ampliata e le figure che ci rimanda creano una interdipendenza iconografica, mai esperita prima, così come non c'era mai stata una presenza così alta di donne artiste. Tutto questo modifica radicalmente il concetto di abitare e il rapporto con le cose che attorniano uomini e donne.
Kimsooja è coreana, ma vive a New York: come lei stessa afferma, era molto difficile essere un'artista nel suo Paese. Il fatto che molti dei video presentati a Venezia ritraggano eventi in varie parti del mondo, e che i suoi *Bottari* provengano dai riti matrimoniali coreani, é indice di un cambiamento radicale nel rapporto tra le cose che attorniano l'abitare. Appare una transitorietà dell'esistenza che non riguarda solo il fatto che oggi viviamo in modo nomadico, ma che il nomadismo è una condizione ontologica anche per chi abita sempre nello stesso posto.
L'assenza di limiti prospettici nei video alla Fondazione Bevilacqua e al Teatro La Fenice, da un lato, evoca la mobilità dell'abitare, dall'altro si discosta dal concetto di astrazione, a favore di un'immagine decantata della verità, collegabile all'abbandono del luogo di nascita e alla cultura buddhista. Tuttavia, decisiva è la rappresentazione di una verità, che non pretende di essere il centro del mondo, ma uno dei luoghi che lo compongono. Così Kimsooja crea un rapporto di appartenenza con il proprio luogo d'origine e con quelli che le sue opere incorporano.

È quello che succede a tutti: lo sforzo sta nel depurare le cose che ci circondano, perché altre possano interagire. Bisogna fare spazio agli eventi dell'abitare e cogliere la vastità che contengono: per Kimsooja sono la consistenza del colore, della neve, della nebbia, del paesaggio, della folla metropolitana.

1. M. Heidegger, *L'arte e lo spazio*, il Melangolo, Genova 1984, p. 11.
2. *Op. cit.*, p. 29.
3. *Op. cit.*, p. 33.

Francesca Pasini, vive a Milano, è critica d'arte e curatrice indipendente. Collabora con *Artforum*, *Tema Celeste*, *Flash Art* e *Linus*; ha scritto vari saggi in catalogo per artisti italiani e internazionali. Ha curato numerose mostre collettive e personali in gallerie private e musei, tra i quali Castello di Rivoli - Torino, Mart - Rovereto, Pac - Milano, Fondazione Bevilacqua La Masa - Venezia, e la mostra *Viaggio verso Cythera* per la Biennale di Venezia del 1993. È direttrice artistica della Fondazione Pier Luigi e Natalina Remotti.

Here lies the question: what does habitation mean today? What are the things that surround us? The Internet has brought the entire planet within reach. The art scene has expanded and the forms it offers us create an iconographic interdependency, never previously feasible, just as there was never such a numerous presence of women artists. All this radically modifies the concept of dwelling and the relationship with the things that surround men and women.
Kimsooja is Korean, but she lives in New York: as she reports, it was very hard to be an artist in her country. The fact that many of the videos shown in Venice portray events in different parts of the world, and that her *Bottari* come from Korean wedding ceremonies, is indicative of a radical change in the relationship among the things that surround life. What appears is a transitory character of existence that doesn't have to do only with the fact that today we live in a more nomadic way; it also regards the idea that nomadism is an ontological condition, even for those who always live in the same place.
The absence of perspectival boundaries in the videos at Fondazione Bevilacqua and Teatro La Fenice evokes, on the one hand, the mobility of living; while, on the other, it moves away from the concept of abstraction toward a purified image of truth, which can be connected to the abandonment of her place of birth and to Buddhist culture. Nevertheless, the representation of a truth that does not claim to be the center of the world, but just one of the places that make up the world, is decisive. In this way Kimsooja creates a relationship of belonging with her own place of origin and those embraced by her works.

It's what happens to everyone: the effort lies in purifying the things that surround us, so others can interact. One must make space for the events of living and grasp the vastness they contain: for Kimsooja they are the consistency of color, of snow, of fog, of the landscape, of the metropolitan crowd.

1. Martin Heidegger, *L'arte e lo spazio*, Genova: Il Melangolo, 1984, p. 11.
2. Op. cit., p. 29.
3. Op. cit. p. 33.

Francesca Pasini is a Milan-based art critic and independent curator. She contributes to *Artforum*, *Tema Celeste*, *Flash Art* and *Linus*, and has written essays for the exhibition catalogues of Italian and international artists. She has curated numerous group and solo shows in private galleries and museums, including Castello di Rivoli in Turin, Museo d'Arte moderna e contemporanea of Rovereto, PAC Milan, Fondazione Bevilacqua La Masa in Venice, and the exhibition "Voyage to Cythera" for the 1993 Venice Biennial. She is the artistic director of the Fondazione Pier Luigi e Natalina Remotti.

A Lighthouse Woman, 2002

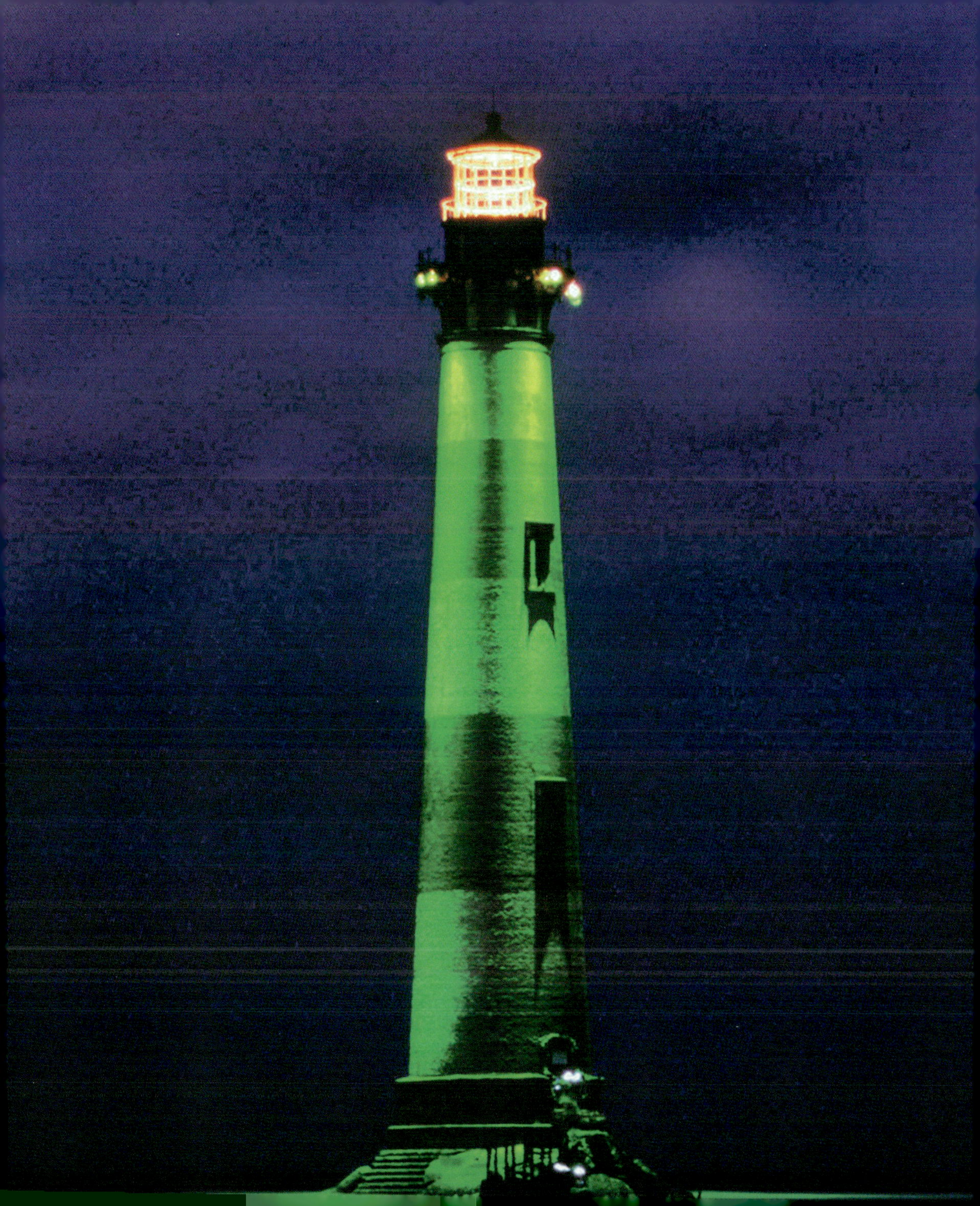

Vivere il presente, in connessione con l'universo: l'arte di Kimsooja

Eleanor Heartney

Gli aghi e gli specchi sono connessi alla femminilità. Rappresentano le cose fatte per gli altri o le cose fatte per se stessi. Ma nelle mani di Kimsooja, questi oggetti semplici diventano metafore cosmiche, trascendendo i limiti silenziosi del mondo domestico, indicano nuovi modi di pensare riguardo al nostro ruolo nell'universo. Si consideri l'ago, per esempio. Quando assume il ruolo di *Needle Woman*, Kimsooja attinge ai suoi vecchi ricordi di quando cuciva con la madre e di quando usava la biancheria e le lenzuola cucite dalla nonna. *Needle Woman* si riferisce a quelle semplici azioni volte a unire delle cose per sostenere la vita quotidiana. Ma la persona rappresentata nel video riflette, inoltre, il fatto che la prima volta che Kimsooja prese in mano un ago si sentì investire da un'incredibile ondata di energia, come se sulla punta dell'ago convergessero delle forze cosmiche. Quest'esperienza l'ha condotta al concetto post-einsteiniano che lo spazio, il tempo e l'energia sono interconnessi tra loro. La loro esistenza è relativa più che essere assoluta – un concetto che è alla base di un lavoro come quello di *A Needle Woman* (1999-2001), nel quale l'artista diventa un punto fermo in una serie di panorami urbani caratterizzati dal vortice e dal caos della vita urbana. In questa serie di video, si osserva la schiena immobile dell'artista in piedi, mentre i cittadini delle diverse città, quali Delhi, Lagos, Londra, Città del Messico, Tokyo, Cairo e Shanghai le passano davanti e attorno come se fossero attori su un gigantesco palcoscenico. I suoi lunghi capelli neri raccolti sulla nuca, scendendo dritti sulla schiena, diventano una linea di forza verticale che àncora la figura a terra. L'opera offre tre differenti esperienze temporali: quella dell'artista che diventa il nostro punto di riferimento, quella della vita urbana che ci circonda e che scorre con le faccende di ogni giorno, e quella dello spettatore che prova l'esperienza di queste due diversissime condizioni in simultanea.

Kimsooja ha esteso quest'idea in numerosi altri lavori. Per *A Beggar Woman*, girato a Lagos, Nigeria, nel 2001, lei siede in mezzo a una strada con le mani aperte come se fosse una mendicante. In *A Homeless Woman* (2001) appare distesa in posizione immobile e vulnerabile sulle strade movimentate di Delhi. In quest'opera, la sua trascendenza del tempo ordinario assume un significato politico, nel suo identificarsi con gli emarginati della società.

Kimsooja descrivendo il suo stato mentale nel ruolo di *Needle Woman* ci fa notare che: "è la punta dell'ago che penetra il tessuto, e con i fili possiamo collegare due diverse parti di tessuto attraverso la cruna. Un ago è un'estensione del corpo, e un filo è un'estensione della mente... L'ago è strumento, mistero, realtà, ermafrodita, barometro, un momento e uno Zen". Come ago, lei raccoglie le forze all'interno di se stessa per indirizzarle di nuovo sul mondo.

Lo specchio ha una complessità analoga. Nel senso comune simbolizza la

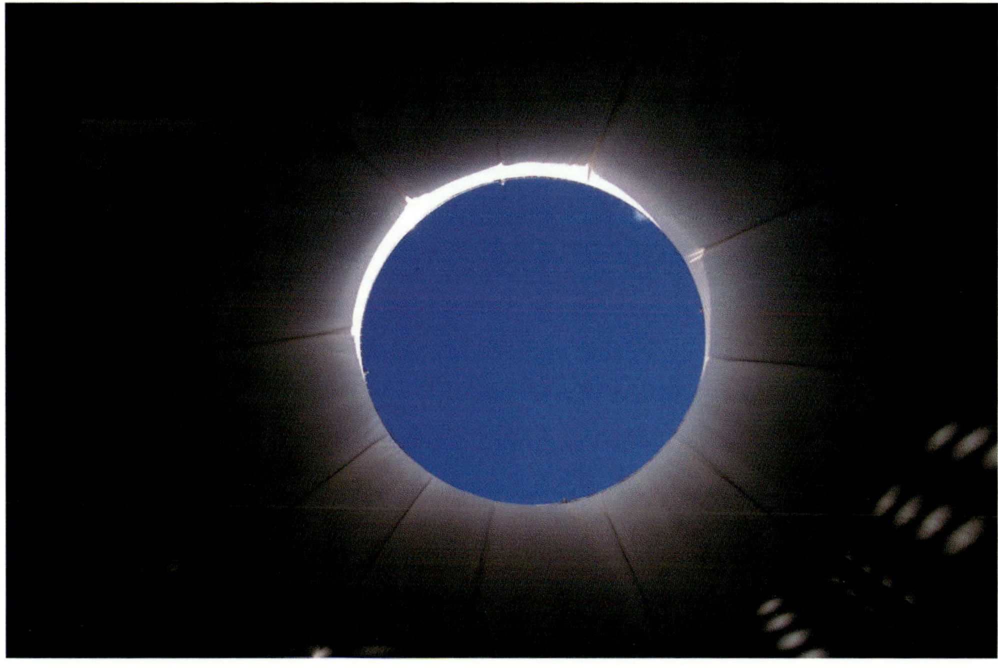

A Mirror Woman – the ground of nowhere, 2003 (detail)

Living in the Present, Connecting with the Universe: The Art of Kimsooja

Eleanor Heartney

Needles and mirrors are associated with femininity. They represent things done for others, or things done for oneself. But in the hands of Kimsooja, these simple objects become cosmic metaphors. Transcending the quiet confines of the domestic world, they point to new ways of thinking about our place in the universe.

Take the needle, for instance. When Kimsooja assumes the role of Needle Woman, she draws on early memories of sewing with her mother and wearing bedclothes lovingly sewed by her grandmother. Needle Woman makes reference to the simple actions that bind things together to sustain daily life. But this persona also reflects the fact that the first time Kimsooja held a needle, she felt an incredible surge of energy, as if cosmic forces were converging on the needle's point. This experience has lead her to the post-Einsteinian notion that space, time and energy are interconnected. Their existence is relative rather than absolute—an insight which lies behind a work like *A Needle Woman*, 1999–2001, in which the artist becomes a still point within a series of cityscapes marked by the swirl and chaos of urban life. In this series of videos, we see the motionless back of the standing artist, as residents of such diverse cities as Delhi, Lagos, London, Mexico City, Tokyo, Cairo and Shanghai pass before and around her like actors on a giant stage. Her long black hair, tied at her neck and dropping straight down her back, becomes a vertical force line anchoring her to the earth.

vanità femminile. Tuttavia uno specchio è anche una superficie riflettente nella quale si spera di intravedere realtà più profonde. L'idea della pittura come specchio del mondo è un punto di forza nella tradizione dell'arte occidentale. Nell'epoca moderna, lo specchio si è capovolto verso l'interno, riflettendo il mondo interiore anziché quello esteriore.
Gli specchi sono però strumenti inaffidabili. Possono essere fuorvianti e ingannevoli, ragione per cui gli artisti li impiegano per beffare gli osservatori. Un esempio famoso è quello della *Las Meninas* di Velazquez in cui uno specchio posizionato sullo sfondo del ritratto di una famiglia reale riflette l'immagine, non dell'osservatore dei giorni nostri, che sembrerebbe essere posizionato per essere il soggetto, ma dei committenti per i quali il quadro fu dipinto originariamente. Qualcosa di simile succede nel *Bar alle Folies Bergére* di Manet, nel quale la prospettiva frontale della barista è collocata direttamente di fronte all'osservatore, che nel riflesso sullo specchio retrostante è trasformato in un'immagine della donna che serve un cliente uomo.

Più di recente, alcuni artisti hanno iniziato a incorporare specchi veri nelle loro opere moltiplicando o espandendo lo spazio antistante, in modo da dissolvere sia lo spazio dello spettatore sia la distanza che si instaura tra lo spettatore stesso e l'ambiente. Michelangelo Pistoletto e Yayoi Kusama sono due notevoli utilizzatori dell'arte dello specchio. Pistoletto, serigrafando le immagini fotografiche di uomini e donne su lastre d'acciaio lucidate, porta letteralmente lo spettatore dentro l'immagine, comprimendo i regni della *realtà* e della rappresentazione. Kusama, nel frattempo, ha creato delle stanze completamente rivestite di specchi e di centinaia di piccole luci che, con il loro effetto luminoso, manipolano e deformano il riflesso dello spettatore sino a fargli perdere il senso dell'io.
Mirror Woman genera un simile disorientamento. Gli specchi nelle sue opere dissolvono le distinzioni tra le realtà interiori ed esteriori, per permettere alla coscienza individuale di fondersi con la vastità del cosmo. Nell'istallazione *A Mirror Woman* del 2002, Kimsooja ha appeso, a coppie, dei pezzi di tessuto colorato composti dai tradizionali copriletti coreani, in una sala completamente rivestita di specchi. I tessuti creavano un labirinto che lo spettatore poteva percorrere in una sensazione di frattura caleidoscopica, mentre il corpo e il tessuto sembravano fondersi l'uno dentro l'altro.
Così *Needle Woman* e *Mirror Woman* costituiscono due aspetti della ricerca di integrazione cosmica dell'artista. *Needle Woman* taglia i paesaggi per poi ricucirli di nuovo. *Mirror Woman* dissolve le differenze tra il dentro e il fuori. Queste figure si impersonano in modo più completo in due installazioni pubbliche che precedono l'opera di Kimsooja al Teatro La Fenice. *A Lighthouse Woman* è stato realizzato per il Festival di Spoleto a Charleston, South Carolina nel 2002. Qui Kimsooja ha creato un'esposizione notturna che immergeva la facciata di un faro in disuso in una sequenza di luci colorate in costante cambiamento. L'opera era di incantevole bellezza: veli dorati, cremisi, acquamarina, e porpora tingevano

A Mirror Woman - the ground of nowhere, 2003

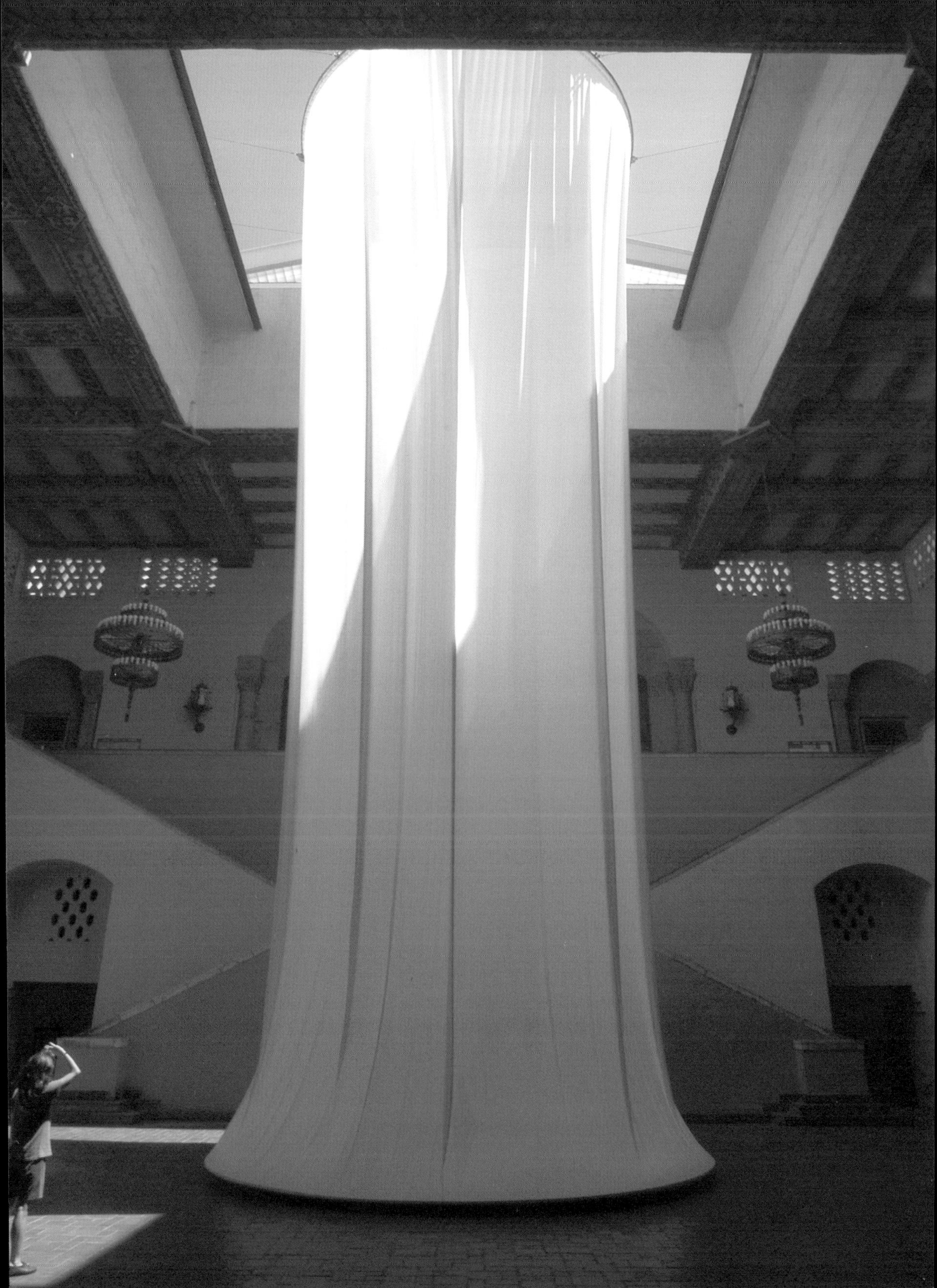

lentamente il corpo del faro ottocentesco. Il faro in questo caso sostituiva il corpo dell'artista. Lei proiettava se stessa sulla struttura, trasformandosi a sua volta in una sorta di personificazione di tutte quelle donne che nella storia hanno atteso che i loro cari tornassero dai viaggi in mare. L'opera rievoca l'idea dell'ago, simbolizzato qui come il corpo allungato del faro, che diventa il catalizzatore di energia. Questo si nota anche nei lavori precedenti di Kimsooja in cui l'uso dei tessuti coreani decorati ha la funzione sia di dipinto sia di tela, per trasformare lo spazio e congiungere memoria, storia e coscienza. Qui un risultato simile è stato raggiunto con l'uso della luce, come se una tappezzeria di colori mescolasse il passato con il presente, il cielo con l'acqua, la mente con la materia.
Mirror Woman raggiunge la sua più completa personificazione in *A Mirror Woman: the ground of nowhere*, realizzata per la mostra *Crossings 2003 Korea/Hawaii*. Quest'opera, installata nel centro di un atrio del municipio di Honolulu – edificio in stile coloniale americano – era composta da cilindri verticali alti diciannove metri e costituiti interamente di tessuto bianco. Per creare tale lavoro, Kimsooja ha progettato la riapertura di una parte del tetto dell'atrio, chiusa da tempo. Ha interamente sigillato tutto lo spazio eccetto l'area direttamente sopra la colonna di tessuto, lasciandola esposta agli agenti atmosferici. All'interno della colonna di tessuto, Kimsooja ha steso un pavimento a specchio in modo tale che i visitatori, una volta entrati attraverso la parete di mussola, si trovassero in piedi sopra una porzione di cielo. Mentre il tessuto ondeggiava dolcemente nella brezza, si provava la sensazione di trovarsi all'interno di uno spazio vivo.
Le nuvole vaganti nel cielo, riflesse negli specchi sottostanti, davano paradossalmente la sensazione di ondeggiare in mare aperto. Di notte le stelle brillavano tremolanti sopra e sotto. Come parte del festival per commemorare l'emigrazione coreana in Corea, *A Mirror Woman* si riferiva all'identità destabilizzata degli immigranti. Tuttavia quest'installazione ipnotica offriva anche ai visitatori un'esperienza più generale: quella di diventare un unico insieme di terra e cielo.
Queste opere costituiscono i sostegni per la nuova installazione di Kimsooja, *To Breathe / Respirare (invisibile mirror / invisibile needle*, 2005) realizzata per il Teatro La Fenice. È un'opera di luci generate al computer, e consiste di una sovrapposizione di luci colorate che cambiano lentamente e che tingono la platea e il pubblico. Un coro di suoni e di respiri umani accompagnano l'esposizione. Qui, come in *A Mirror Woman* alle Hawaii e in *A Needle Woman* a Charleston, lo spazio è riempito di vita. Mentre l'udito e la vista sono immersi nell'armonia di luce e suoni, il tempo abbandona la sua qualità schematica e le distinzioni tra lo spazio, se stessi e gli altri spariscono.
I lavori di Kimsooja sono spesso esaminati in relazione al suo *status* di emigrante, di nomade, o di donna asiatica profuga nella cultura occidentale.
Queste interpretazioni sono messe in evidenza dai tessuti coreani che lei usa, sono in genere presentati come fagotti (o *Bottari*), e simboleggiano una vita nella quale tutti gli oggetti quotidiani di una persona sono facilmente impacchettabili per una partenza veloce. Una sensazione di dislocazione-spostamento permea opere come *Cities on the Move – 2727*

This work offers three experiences of time: that of the artist, who becomes our reference point; that of the surrounding urbanites, rushing about their daily business; and that of the viewer who experiences these two very different modes simultaneously.

Kimsooja has extended this idea in a number of other works. For *A Beggar Woman*, filmed in Lagos, Nigeria in 2001, she sits on a street with her hands open like a beggar. In *A Homeless Woman* (2001), she lies motionless and vulnerable on the bustling streets of Delhi. In these works, her transcendence of ordinary time takes on a political cast, as she identifies herself with the outcasts of society.

Describing her mental state as Needle Woman, Kimsooja has remarked, "It is the point of the needle which penetrates the fabric, and we can connect two different parts of the fabrics with threads, through the eye of the needle. A needle is an extension of the body, and a thread is an extension of the mind... The needle is medium, mystery, reality, hermaphrodite, barometer, a moment and a Zen." As a needle, she gathers power into herself so as to refocus it out into the world.

The mirror has similar complexity. In the popular mind, it symbolizes female vanity. However, a mirror is also a reflective surface in which we hope to glimpse deeper realities. The idea of painting as a mirror of the world is a mainstay of Western art tradition. In the modern era, the mirror has turned inward, reflecting an interior world rather than external one.

But mirrors are unreliable tools. They can be misleading and even deceitful, which is why artists have so frequently employed them to play tricks on viewers. One famous example is Velazquez' *Las Meninas* in which a mirror in the background of a royal family portrait reflects back an image not of the present-day viewer who seems positioned to be its subject, but the patrons for whom it was originally created. Something similar happens in Manet's *A Bar at the Folies Bergère*, in which the frontal view of a barmaid directly confronting the viewer is transformed in the mirror's reflection into an image of the woman serving a male customer.

More recently, artists have incorporated real mirrors into works in order to multiply or expand space, to dissolve the distance between viewer and surroundings or to destabilize the space that the viewer inhabits. Two notable practitioners of mirror art are Michelangelo Pistoletto and Yayoi Kusama. By silk-screening photographic images of men and women onto sheets of highly polished steel, Pistoletto literally brings the viewer into the image, collapsing the realms of "reality" and representation. Kusama, meanwhile, has created several completely mirrored rooms filled with hundreds of tiny lights that so multiply and distort the viewer's reflection that one begins to lose any sense of self.

Kimsooja's Mirror Woman partakes of a similar disorientation. In her work, mirrors dissolve distinctions between interior and exterior realities so as to allow individual consciousness to meld with the larger cosmos. In a 2002 installation titled *Mirror Woman*, Kimsooja strung pairs of colorful fabrics comprising traditional Korean coverlets in a room with completely mirrored walls. They created a maze through which the viewer could wend, creating a kaleidoscopic sense of

fracture, as body and fabric seemed to merge into each other.
Needle Woman and Mirror Woman are thus two aspects of Kimsooja's quest for cosmic integration. Needle Woman cuts through landscapes in order to stitch them up again. Mirror Woman dissolves differences between inside and out. These personas are most fully embodied in a pair of public installations that serve as precursors to Kimsooja's installation at the Teatro La Fenice. *A Lighthouse Woman* was created as part of the 2002 Spoleto Festival in Charleston, South Carolina. In this work, Kimsooja created a nighttime display that bathed the exterior of a disused lighthouse with an ever-changing sequence of colored light. The work was mesmerizingly beautiful, as saturated veils of gold, crimson, aquamarine and purple washed slowly over the elegant nineteenth-century lighthouse shaft. For Kimsooja, the lighthouse served as a surrogate of her own body. She projected herself into the structure, which became the embodiment of all the women over the years who waited for the safe return of those who had gone to sea. This work harked back to the idea of the needle, here symbolized by the lighthouse shaft, as the collector of energy. It also echoed Kimsooja's earlier works in which patterned Korean fabrics served as both paint and canvas to transform space and to knit together memory, history and consciousness. Here, a similar effect was created by light; a tapestry of color merged past and present, sky and water, mind and matter.
Mirror Woman, meanwhile, reaches her fullest embodiment to date in *A Mirror Woman: the ground of nowhere*, a work created for the exhibition "Crossings 2003: Korea/Hawaii." Installed in the lobby of Honolulu's colonial-era city hall, this installation consisted of a sixty-foot-high vertical cylinder of white fabric set in the center of an uncovered atrium. In order to create this work, Kimsooja orchestrated the reopening of a long-closed aperture in the atrium roof. She sealed off all but the area directly above her fabric column, which she left open to the elements. Inside the fabric column, Kimsooja laid down a mirror floor, so that visitors who stepped inside the muslin walls found themselves standing on a piece of sky. Meanwhile the fabric swayed gently in the breeze, giving a sense that one was inside a living, breathing space. Clouds drifting above and reflected below gave one the feeling, paradoxically, of rolling on an open sea. At night the stars flickered above and below. As part of an arts festival celebrating Korean emigration to Korea, *A Mirror Woman* made reference to the immigrant's sense of destabilized identity. But this hypnotic installation also provided visitors a more general experience of becoming one with earth and sky.
These works provide underpinnings for Kimsooja's new installation *To Breathe / Respirare (invisible mirror / invisible needle,* 2005), which has been installed in the Teatro La Fenice. This work is a computer-generated light piece. It consists of a slowly changing overlay of colored light that washes across the auditorium and audience. Accompanying this display is a chorus woven together from the sounds of human breath. Here, as in *A Mirror Woman* in Hawaii and *A Needle Woman* in Charleston, space is infused with a sense of life. As ear and eye are taken over by the symphony of light and sound, time loses its schematic

Bottari – throwing the globe, 2000

Kilometer Bottari Truck (1997), un video che descrive il viaggio dell'artista attraverso il paesaggio rurale coreano in un camion colmo di *Bottari* legati. Anche qui gli osservatori vedono l'artista da dietro, figura che diventa un centro immobile nel mezzo di un mutevole paesaggio. Ma se questi lavori si riferiscono ai concetti tradizionali di casa e di radici domestiche, ed esaltano le attività tradizionalmente femminili che evocano un senso di luogo, sarebbe pericoloso semplificare troppo le intenzioni di Kimsooja. Da un lato i suoi lavori consistono in un rifiuto dei dualismi occidentali che separano e distinguono in modo incompatibile coppie del tipo mente / materiale, spazio/tempo, oppure sé/altro. Dall'altro lato sono invece più in sintonia con nozioni ispirate al Buddhismo che riguardano la qualità circolare del tempo e la trascendenza del desiderio e dei limiti fisici.
L'artista non accetta comunque la facile divisione tra Oriente e Occidente e ci ricorda che anche in Occidente esistono numerose tradizioni olistiche che hanno affinità con il suo pensiero.
Per esempio, c'è la nozione della estensione e continuità del tempo, esplorata dal filosofo francese Henri Bergson nell'ultimi anni dell'Ottocento. Bergson descrisse la nozione della durata come tempo vissuto, ossia l'esperienza dove tempo e spazio, insieme a passato e futuro, si fondono con il presente incessante. Questo tipo di continuità fu paragonata alla percezione che si ha della danza, dove movimenti precedenti e futuri sono impliciti in ogni istante durante il fluire del movimento continuo dell'esecutore. Quindi, invece di cancellare il presente, come succede quando l'esperienza lineare del tempo ci fa correre lungo un percorso che parte dal passato e va verso il futuro, la durata crea una coscienza della nostra unità con il carattere dinamico del mondo. Questa potrebbe essere una descrizione convincente dell'esperienza che suscita l'opera *To Breathe / Respirare*.
Alcune decine di anni dopo che Bergson pubblicò i suoi pensieri, Albert Einstein si rivolse alla fisica per proporre una rivoluzione simile riguardo a questo concetto sul tempo. Anche la sua teoria sulla relatività rifiutava l'idea dello spazio e del tempo come entità autosufficienti e indipendenti. Egli le combinò in una singola entità interattiva chiamata spazio-tempo. Recentemente i progressi nella comunicazione elettronica hanno reso possibile conoscere quello che l'artista Bill Viola chiama tempo-parallelo, ossia la sensazione di esistere simultaneamente nel proprio corpo e in qualche altro luogo remoto. Viola osserva che è possibile avere coscienza di quanto può accadere in un loft di New York, come su una strada di Parigi o in una zona di guerra nel Medio Oriente. L'idea entra in armonia con le multiple esperienze del tempo e dello spazio che sono espresse dall'opera *A Needle Woman*.
In conclusione, nel fare riferimento alle antiche tradizioni e filosofie asiatiche, Kimsooja ci comunica anche gli strumenti per pensare alla complessità della vita contemporanea. *Needle Woman* e *Mirror Woman* guardano indietro e avanti, unendo la storia con il futuro, e ci fanno ricordare che alla fine le nostre vite si svolgono nel presente infinito.

Eleanor Heartney, critica d'arte, vive e lavora a New York. Collabora con *Art in America* e *Art Press*, è inoltre co-presidente di AICA/USA, sezione americana dell'Associazione Internazionale dei Critici d'Arte.

quality and distinctions between space, self and other disappear.
Kimsooja's work is often discussed in relationship to her status as an immigrant, a nomad, or an Asian woman displaced into Western culture. These ideas were reinforced by her use of Korean fabrics, which she has often presented bound up in bundles, or *bottari*, suggesting a lifestyle in which all one's worldly goods are easily gathered for easy departure. A sense of displacement permeates works like *Cities on the Move – 2727 Kilometer Bottari Truck* (1997), a video depicting her journey through rural Korea on the back of a truck filled with bundles composed of bound bottari. Here again, the camera presents her from the back, a still center in the midst of a changing landscape. But if works like these touch on traditional concepts of home and roots, and celebrate the traditional female activities that give us a sense of place, it is dangerous to oversimplify Kimsooja's intentions.
On one hand, her work clearly involves a rejection of Western dualisms that make distinct and irreconcilable entities of such pairs as mind/matter, space/time, or self/other. Instead, she is more attuned to Buddhist-inspired ideas about the circular nature of time and the transcendence of desire and physical limitations. But she refuses the easy division of East and West. Instead, she reminds us that even in the West, there are more holistic traditions that bear kinship to her thinking. For instance, there is the notion of duration as explored by French philosopher Henri Bergson in the late 19th century. Bergson described duration as lived time, the experience in which time, space, past and future are fused with the continual present. He likens duration to the perception of dance, where prior and future movements are implied at every moment in the sweep of the performer's continuous gesture. Thus, instead of making the present disappear, as happens when the linear experience of time rushes us along a prescribed path from past to future, duration creates a consciousness of our unity with the dynamic nature of the world. This seems a satisfying description of the experience evoked by *To Breathe / Respirare*.
A few decades after Bergson published his speculations, Albert Einstein turned to physics to propose a similar revolution in our thinking about time. His theory of relativity also rejected the notion of space and time as self-sufficient and independent entities. Instead, he fused them into a single interactive entity called spacetime. More recently, advances in electronic communication make it possible to experience what video artist Bill Viola calls "parallel time," the sensation of existing simultaneously in one's own body and in some far-flung locale. Viola notes that it is possible to be as aware of what is happening in a loft in New York as in a street in Paris or a war zone in the Middle East. This idea certainly resonates with the multiple experiences of time and space expressed by the Needle Woman.
Thus, in referencing ancient Asian traditions and philosophies, Kimsooja is also presenting us with tools for thinking about the complexities of life today. Needle Woman and Mirror Woman face backward and forward, tying together history and the future, while reminding us that in the end, it is the infinite present in which we live our lives.

Eleanor Heartney is a New York-based art writer. She is a contributing editor to *Art in America* and *Art Press*, and co-president of AICA/USA, the American Section of the International Association of Art Critics.

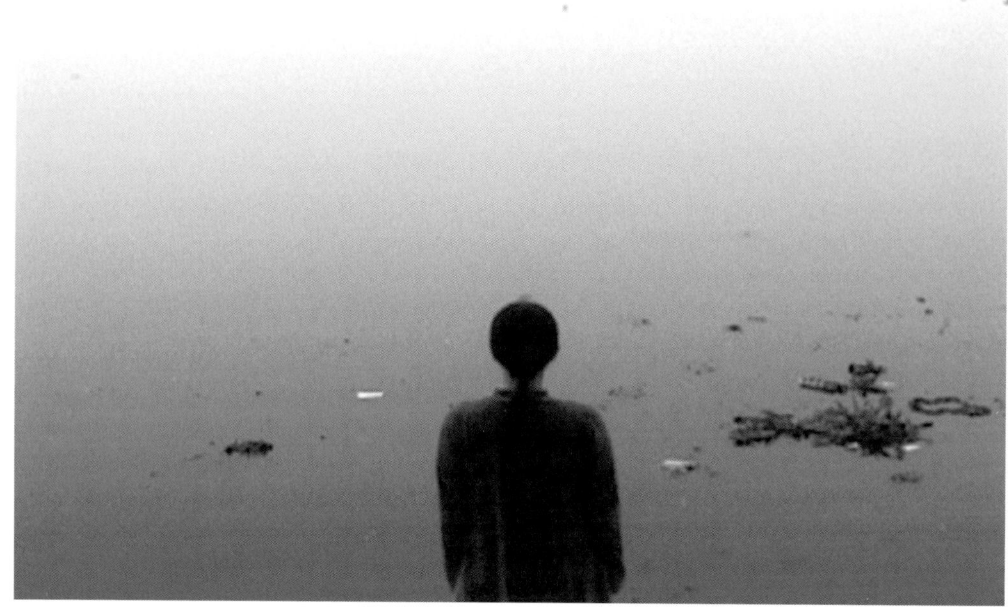

A Laundry Woman –Yamuna River, 2000

La disciplina del guardare

David Morgan

Il video di Kimsooja, *A Laundry Woman* (2000), pone l'osservatore di fronte a uno schermo silenzioso dove è rappresentato lo scorrere di un fiume. Sulla superficie dell'acqua sono trasportati dalla corrente frammenti di rami, piante, fiori che si staccano da una sponda fuori campo. Nella parte superiore dello schermo, il fiume svanisce in una luce abbagliante, forse quella del sole del mattino, e introduce un'anonima donna indiana sulla sponda del fiume Yamuna a Delhi, intenta a fare il bucato. Noi la vediamo da dietro, e non si muove mai. È lei l'unica cosa che non si muove. Dopo alcuni momenti, lo spettatore si chiede se l'immagine della donna esista ancora. L'impressione può suggerire che sia stata bruciata all'interno della videocassetta da un qualche processo meccanico oppure eliminata per mezzo di qualche tecnica di ritocco digitale. Nell'era di Photoshop, in realtà, esiste ancora qualcosa di reale? Sulla sua testa non si muove un capello e i suoi vestiti non segnalano la presenza né di vento né in generale di movenze.
Essa si rivela però umana, e l'occhio ritorna ripetutamente sulla sua figura risoluta e centrale. Resta lì, immobile, rivolta di schiena verso l'osservatore; una versione asiatica della cosiddetta *Rueckenfigur*, il familiare motivo di una figura in primo piano vista da dietro, una soluzione molto gradita ai pittori romantici europei all'inizio del Diciannovesimo secolo. La figura attrae gli osservatori all'interno del dipinto, dirigendone la visione e portandoli sul piano di proiezione; questi si confrontano con il

The Discipline of Looking

David Morgan

Kimsooja's video *A Laundry Woman* (2000) places the viewer before a silent screen across which a river passes, its surface carrying refuse and fragments of branches, plants and flowers swept from unseen banks. At the top of the screen, the river vanishes in a white glare, perhaps from the morning sun that hangs just above the river and greets an anonymous Indian woman who has come to the edge of the Yamuna River at Delhi to wash laundry. We see her only from the back, and she never moves. She is the only thing that does not move. After a few moments, the viewer wonders if she is really there. Perhaps she has been burned into the video tape by some mechanical process, or inserted by digital editing. In the age of Photoshop, is anything actually real? Not a hair flutters on her head, her clothing registers no wind or motion.

Yet she is human, and the eye returns to her stalwart, central figure again and again. She stands with her immovable back to the viewer, an Asian version of the so-called Rückenfigur, the familiar device of placing a figure seen from the rear in the foreground of a picture, a favorite contrivance of Romantic painters in Europe in the early nineteenth century. It lures viewers into the painting, directing their vision and pulling them to the picture plane, which tends to vanish as they compare themselves to the figure, perhaps even regarding the figure as another version of themselves, or as their fictive counterpart within the work of art. *A Laundry Woman* recalls this iconographical motif by freezing the figure in the video. The artist used the same motif in another silent video, *A Needle Woman* (1999–2001), which she has performed by standing motionless in the crowded streets of Tokyo, Shanghai, Delhi, Cairo, Lagos, and London, among others. In doing so, Kimsooja blurs the distinction between painting and video as media, a move bolstered by the absence of sound.

Why engage in this sort of ambivalence in her medium? Is it one more tired involution of art referring to art? A much better purpose may be at work. The artist pushes her medium to the limits of its ontology, one might say. She extends video to the point where it threatens to turn into something it's not—in this case, painting. She cloaks the imagery in silence in order to deprive the viewer of the effect of sound, which would clearly distinguish video from non-moving visual media. Even though the water never ceases to flow, and the cloudy surface is continually disrupted by flotsam that ambles by, moving from left to right, I found myself repeatedly rediscovering that it was a river. The white glare across the top of the screen strongly tends to flatten the image, which is affirmed by the lack of shadows and depth in the water. The motionless figure might be staring into a snowstorm, or a scrim, but for the lolling gait of lily pads and fragments of vegetation, plastic bags, and the shadows of birds. Even now as I remember the scene, I find myself

soggetto, forse anche trasfigurandosi con la figura come in un'altra versione di loro stessi, oppure identificando in lei la loro controparte illusoria all'interno dell'opera d'arte. *A Laundry Woman* suggerisce il proprio motivo iconografico attraverso il congelamento del soggetto nel video. L'artista usa lo stesso motivo in un altro video silenzioso, *A Needle Woman* (1999-2001), nel quale la figura sosta senza muoversi nelle affollate strade di varie città tra cui Tokyo, Shanghai, Delhi, Cairo, Lagos e Londra. Facendo questo, ossia un gesto sostenuto dall'assenza di suono, Kimsooja sfuma il confine che separa le tecniche della pittura e del video. Perchè si impegna in questa sorta di ambivalenza nel suo mezzo espressivo? Ci troviamo forse di fronte a un'altra di quelle stanche involuzioni artistiche autoreferenziali? In verità ciò potrebbe celare una proposizione molto più profonda. Si potrebbe pensare che l'artista spinga il proprio mezzo espressivo ai limiti dell'ontologia. Infatti, estende la tecnica del video sino al punto in cui sembra sconfinare in qualcosa che comunque non è raggiunto: la pittura.
Nasconde l'immagine nel silenzio per privare l'osservatore degli effetti sonori, cosa che distinguerebbe chiaramente il video da altre tecniche espressive statiche. Anche se l'acqua non cessa mai di scorrere, e la superficie brumosa è continuamente cosparsa di relitti galleggianti che passano lentamente da sinistra verso destra, io mi trovavo ripetutamente a riscoprire che quello che guardavo era un fiume. La luce abbagliante sulla parte superiore dello schermo tende ad appiattire fortemente l'immagine, questo è oltretutto rinforzato da un'assoluta mancanza di ombre e profondità nell'acqua. Pare che la figura immobile stia fissando una tempesta di neve, o una sorta di tendaggio, però l'illusione cessa quando vediamo le ninfee, i frammenti di vegetazione, i sacchetti di plastica sull'acqua e le ombre degli uccelli. Anche in questo momento, mentre mi tornano in mente le immagini della scena, mi ritrovo a sentire in lontananza il richiamo degli uccelli, il ronzio degli insetti acquatici, il lambire silenzioso dell'acqua sulla riva fuori campo. Privandoci di così tanto, Kimsooja ci chiede di guardare e di analizzare con attenzione proprio l'atto dell'osservare. Con lo spingere una tecnica visiva al suo limite, l'artista mette alla prova la natura del guardare, e sonda in particolar modo la giunzione illusoria dove un mezzo espressivo si ricongiunge con il tessuto astratto della consapevolezza.
Il mezzo espressivo non è mai stabile, anche se ci piacerebbe pensarlo. L'immaginazione è capace di animare disegni, fotografie e film, fornendo gli elementi assenti e ignorandone l'essenza, talvolta sovvertendo persino quello che un osservatore si aspetterebbe o vorrebbe trovare.
Esattamente la stessa cosa vale per la mente, che risulta essere il tramite fondamentale della consapevolezza. Le definite e chiare caratteristiche della realtà non sono semplicemente scolpite su una stele nuda. È proprio la superficie dell'acqua rappresentata dall'artista che si trasfigura nella mente. E la mente qui è tutt'altro che stabile. Il Dhammapada, uno dei più antichi e venerati sutra buddhisti, descrive la mente come "tremula e instancabile, difficile da sorvegliare e contenere [...] mutevole e volatile, [la mente] insegue i capricci a proprio piacimento".[1] Eppure la saggezza di molte religioni consiste talvolta nel saper trasformare il più grande dei

dubbing in sound—the distant call of the birds, the drop of water, the skitter of water bugs, the hushed lapping of water at the shoreline out of sight. By depriving us of so much, Kimsooja asks us to look hard and to question the very act of looking. By pressing a visual medium to its threshold, an artist tests the nature of seeing, probes especially the elusive seams where a medium stitches itself to the airy fabric of consciousness.

A medium is never stable, despite what we may wish to think about it. The imagination animates drawings, photographs and films, supplying what is not there, ignoring what is, and sometime even subverting what one expects or wants to find present. The very same holds true of the mind itself, which is the fundamental medium of consciousness. It is not a stony blank slate on which is etched the secure features and principles of reality. The mind is the very surface of water that the artist envisions in her video. And the mind is anything but stable. The Dhammapada, one of the oldest and most widely revered Buddhist sutras, describes the mind as "wavering and restless, difficult to guard and restrain. [...] Fickle and flighty, [the mind] flies after fancies wherever it likes."[1] Yet the wisdom of many religions is that our greatest problem can become our most powerful means of salvation. The mind and the body are trainable. Hinduism regards the individual ego or self as something like the larger self, the atman, the being or essence of all things that expresses the ultimate but ineffable reality called Brahman. Christianity can speak of the individual self as hiding within Christ, who becomes the truer aspect of the self (Colossians 3:3). The redeemed are those whom another New Testament text describes as "partakers of the divine nature" (2 Peter 1:4).

To be sure, the world's religions should not be melted down to a stew with one taste. Yet, because they all grapple with the same material—the human struggle with selfishness, suffering, and mortality—it is not surprising that a number of parallels may be discerned in very different religious traditions. In each of those cited, the human self, embedded in the mortal body, is the place where longing for deliverance begins as well as the locale in which it is realized—by albeit starkly different means. For many Christians, body and mind become deeply engaged in transforming suffering into an imitation of God's presence in Christ. For Hindus, body and mind are engaged in mitigating the cause of suffering by training the body in yoga, in dietary practices, and in prayer and ritual offerings. According to The Dhammapada, the person "whose mind in calm self-control is free from the lust of desires, who has risen above good and evil...is awake and has no fear." And so begins the rigorous discipline of Buddhist training, to steel the mind against the frailty of the body in order to dismantle the manifold attachments to the fear, lust, anger, and ignorance that propel the illusion of the self-centered self.

Even this lightly comparative consideration of three religions may help us consider Kimsooja's video and, by extension, a great deal of art work today, which explores aspects of religion or addresses parallels between art and religion. As with the comparison of different religions to one

nostri problemi nella più potente fonte di salvezza. La mente e il corpo sono allenabili. L'Induismo considera l'ego individuale, o l'io, come qualcosa di simile all'io più grande, l'atman, ossia l'essere o l'essenza di tutte le cose che esprimono la suprema, ma ineffabile, realtà chiamata Brahman. La cristianità può riferirsi all'io individuale come un'essenza che si nasconde in Cristo, il quale diventa l'aspetto più vero dell'io (Colossesi 3,3). I redenti sono coloro i quali il Nuovo Testamento descrive come i "partecipanti della natura divina" (seconda lettera di Pietro 1,4).

Per essere al sicuro, le religioni del mondo non dovrebbero essere mescolate in un'unica zuppa con un unico sapore. Tuttavia, dovendosi confrontare con lo stesso tipo di materialità – ossia la lotta dell'uomo contro l'egoismo, la sofferenza e la mortalità – non è sorprendente che nelle diverse tradizioni religiose possa essere percepito un grande numero di punti in comune. In ognuna delle situazioni citate, il sé umano incorporato nel corpo destinato a morire è il punto da cui si origina e viene realizzato il desiderio per la liberazione – anche se tramite processi completamente diversi. Per molti cristiani, il corpo e la mente si impegnano a trasformare la sofferenza in un'imitazione della presenza di Dio in Cristo. Per gli indù il corpo e la mente si impegnano ad attenuare le cause di sofferenza attraverso l'allenamento del corpo tramite la pratica dello yoga, della dieta, della preghiera e delle offerte rituali. Secondo il Dhammapada, l'individuo "la cui mente, attraverso la padronanza di sé, si libera da avidità e desideri, e che ha saputo andare oltre il bene e il male, [...] è desto e non ha paura".

Così comincia la rigorosa disciplina della formazione buddhista: conquistare la mente contro la fragilità del corpo per smantellare i legami della paura, dell'avidità, della rabbia e dell'ignoranza, tutte caratteristiche che spingono l'illusione del sé egoista.

Anche questa riflessione dal carattere lievemente comparativo su tre religioni differenti può aiutarci a considerare l'opera video di Kimsooja e, in generale, la maggior parte dell'arte di oggi impegnata a esplorare aspetti religiosi, o comunque attenta a intessere parallelismi tra arte e religione. Come per i paragoni compiuti tra diverse religioni, lo scopo non è quello di ridurre l'arte a religione o viceversa, ma di domandarci quali possano essere i punti in comune, e che cosa questo possa significare riguardo alle attività artistiche di oggi.

L'arte é forse un sostituto della religione?

L'affermazione non è nuova. Nella prima metà dell'Ottocento, il filosofo tedesco Arthur Schopenhauer descrisse due tipi di trascendenza che potrebbero liberare l'uomo dalla sofferenza: la contemplazione estetica e la vita ascetica. Entrambi erano modi di rinunciare a quello che Schopenhauer chiamava il desiderio, ossia la forza cieca che guida tutte le cose dell'universo. Per delineare i due modi da lui presentati, Schopenhauer aveva spianato la strada alle riflessioni che seguono, basando il suo ragionamento sulla relazione tra arte e religione, intese come due attività analoghe, ma non uguali.

La contemplazione estetica, egli affermava, è il modo di negare il

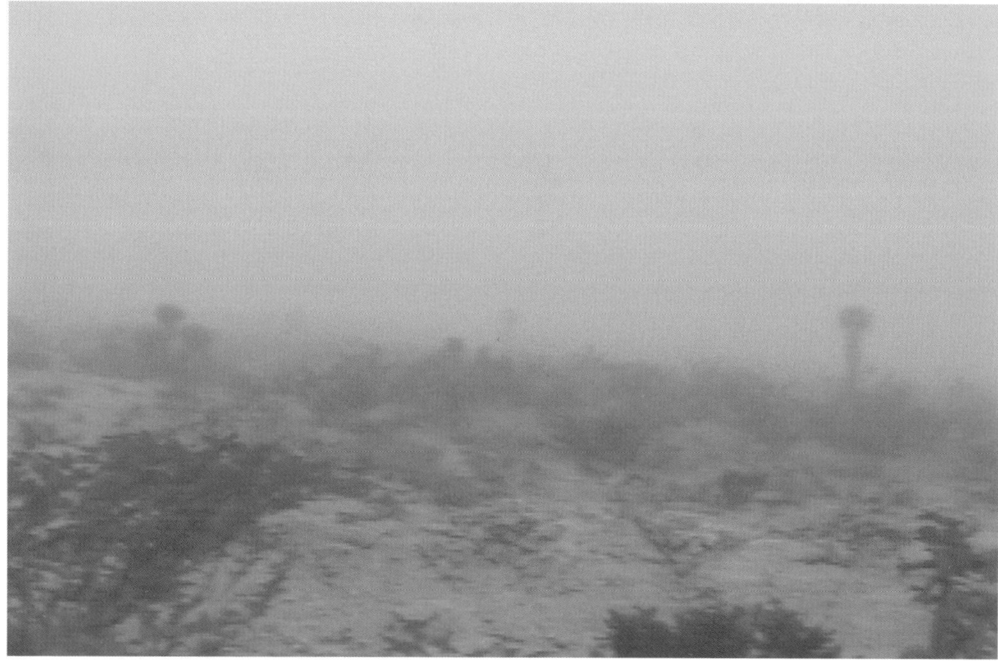

Bottari – chasing the fog, 2000

another, the task is not to reduce art to religion or vice versa, but to ask in what manner the two appear to operate similarly, and what that means for artistic practice today. Is art a replacement for religion? The claim is not a new one. In the early nineteenth century, the German philosopher Arthur Schopenhauer described two forms of transcendence that might release human beings from suffering: aesthetic contemplation and the life of asceticism. Both were ways of renouncing what Schopenhauer called the will, the blind force that drives all things in the universe. In delineating the two means, Schopenhauer set the stage for subsequent reflection about the relation of art and religion as two roughly parallel, though not equivalent practices.

Aesthetic contemplation, he claimed, is the means of saying no to the will, of becoming a "pure, will-less subject of knowledge," an eye surveying a work of art or an object of nature from beyond the grip of the will and seeing only the essence of the thing, the timeless being manifest in the phenomenon. Beauty is the experience of this transcendental reality. Schopenhauer described the operation of aesthetic experience as follows, which merits quotation at length:

> Raised up by the power of the mind, we relinquish the ordinary way of considering things...we do not let abstract thought, the concepts of reason, take possession of our consciousness, but, instead of all this, devote the whole power of our mind to perception, sink ourselves completely therein, and let our whole consciousness be filled by the calm contemplation of the natural object actually present, whether it be a landscape, a tree, a rock, a crag, a building, or anything else [such as a river]. We lose ourselves entirely in this object, to use a

desiderio. È quanto ci permette di diventare "soggetti della consapevolezza, puri e senza desideri". Un occhio che osserva un'opera d'arte, o un oggetto della natura che sia libero dall'egida del desiderio, cogliendone solo l'essenza, l'essere eterno che si manifesta nel fenomeno. La bellezza è l'esperienza di questa realtà trascendentale. Schopenhauer descrisse l'operazione dell'esperienza estetica come segue; il che merita una citazione completa.

> Se, sollevati dalla potenza dello spirito, abbandoniamo la maniera usuale di considerar le cose [...]; se non lasciamo che il pensare astratto, i concetti della ragione s'impadroniscano della conscienza, bensì viceversa tutta la forza dello spirito nostro diamo all'intuizione, in questa ci sprofondiamo, e la conscienza intera lasciamo riempire dalla tranquilla contemplazione dell'oggetto naturale che ci sta innanzi, sia esso un paesaggio, un albero, una roccia, un edifizio o quel che si voglia [n.d.a.: un fiume]; allor che – secondo un'espressiva locuzione tedesca – ci si perde appieno in quell'oggetto, ossia si dimentica il proprio individuo, la propria volontà, e si rimane nient'altro che soggetto puro, chiaro specchio dell'oggetto, come se l'oggetto solo esistesse, senza che alcuno fosse là a percepirlo, né più è possibile separare colui che intuisce dall'intuizione stessa, poiché sono diventati tutt'uno, essendo l'intera conscienza riempita e presa da una sola immagine d'intuizione; se adunque in siffatto modo l'oggetto s'è disciolto da ogni relazione con la volontà – allora quel che viene così conosciuto non è più la singola cosa come tale, ma è l'idea, l'eterna forma, la diretta oggettività della volontà in quel grado. E perciò appunto non è più individuo quegli che è assorto in tale intuizione, imperocché proprio l'individualità vi s'è perduta. Egli è invece puro soggetto della conoscenza, fuori della volontà, del dolore, del tempo.[2]

Schopenhauer citava anche le esperienze di Byron riguardo alla singolarità del paesaggio e allo spirito della sua opera *Childe Harold's Pilgrimage* (*Il pellegrinaggio del giovane Harold*), e anche al manifestarsi di Brahman in quello dell'Upanishad: "*Hae omnes creaturae in totum ego sum, et praeter me aliud ens non est*" (Oupnek'hat, I, 122).[3] L'Upanishad o Vedanta presenta l'assoluto, Brahman, come lo spirito (atman) indistruttibile che è intrinseco in ogni apparenza e sta alla base di tutto. È questa realtà che Schopenhauer identificò con lo stato di coscienza ottenuto nell'esperienza estetica. Ma l'arte aveva un carattere meno permanente rispetto al modo di rinunciare di colui che si nega il desiderio. L'arte, in sostanza, non era eguale alla religione, bensì una versione transitoria di essa.

Le discipline artistiche della pittura, della ceramica, della calligrafia, della disposizione dei fiori, del giardinaggio, e della cerimonia del tè, essendo considerate in alcune versioni del buddhismo delle forme meditative, sono sempre state cariche di importante significato. Creare cose e fare delle cose possono essere attività coinvolgenti, capaci di liberare la mente dai propri attaccamenti e di allenarla a concentrarsi solo sui compiti immediati, senza le distrazioni fuggevoli che notava il Dhammapada. È importante,

pregnant expression; in other words, we forget our individuality, our will, and continue to exist only as pure subject, as clear mirror of the object, so that it is as though the object alone existed without anyone to perceive it, and thus we are no longer able to separate the perceiver from the perception, but the two have become one, since the entire consciousness is filled and occupied by a single image of perception. If, therefore, the object has to such an extent passed out of all relation to something outside it, and the subject has passed out of all relation to the will, what is thus known is no longer the individual thing as such, but the Idea, the eternal form, the immediate objectivity of the will at this grade. Thus at the same time, the person who is involved in this perception is no longer an individual, for in such perception the individual has lost himself; he is pure will-less, painless, timeless subject of knowledge.[2]

Schopenhauer went on to cite Byron's experience of the oneness of landscape and soul in Childe Harold's Pilgrimage, and the utterance of Brahman in the Upanishads: "I am all this creation collectively, and besides me there exists no other being."[3] The Upanishads or Vedanta presented the absolute, Brahman, as the imperishable soul (atman) that exists behind all appearances as the ground of everything. It was this reality that Schopenhauer identified with the state of consciousness achieved in aesthetic experience. But art was less permanent than the renunciant's way of denying the will. Art, in the end, was not equal to religion, but a passing version of it.

Certain versions of Buddhism have accorded an important place to artistic practice, regarding activities like painting, pottery, calligraphy, flower arrangement, gardening and the performance of the tea ceremony as meditative forms of practice. Making things and doing things can be absorptive activities that release the mind from its attachments and train it to attend singularly to immediate tasks, without the flitting distractions the Dhammapada noted. But it is important not to mistake the purpose of these creative forms of meditation. They are not merely an alternative way of making art. Buddhism is often romanticized by those who wish to see in it no more than a serene aesthetic and amusingly paradoxical witticisms. This fantasized version of Buddhism is never up to the challenge of actual practice. Skimming the mere look of Buddhism (or any religion) from the torso of lived practice is something that art—in tandem with commerce—is all too capable of doing. Artists, curators, and art historians are sometimes happy to indulge in aestheticizing a religion because they operate on the presumption that art is neatly separable from religion, as if art were the flower to be plucked from the otherwise irrelevant plant of pious practice.

Is that what we encounter in the ten silent moments of Kimsooja's video? Are we urged to clip from Buddhism or Hinduism or from the daily life of an anonymous laborer some universal essence that can be imported into the marketplace of our lives and appropriated as if it were a commodity in global tourist trade? Does she invite us to peel off the picturesque exterior of a life-world and chuck the irrelevant innards into

però, non fraintendere il fine che hanno in realtà queste forme creative di meditazione. Non rappresentano semplicemente un modo alternativo di fare arte. Spesso il Buddhismo è interpretato in modo romantico da coloro che vogliono vedere in esso niente più di un immaginario dall'estetica serena e tranquilla e di un coacervo di arguzie spassosamente paradossali. Questa versione fantasticata del Buddhismo non è mai comunque all'altezza della sfida che presenta la pratica reale del Buddhismo. Trattare in modo sommario il mero aspetto del Buddhismo (o di qualsiasi religione) a differenza della pratica religiosa vera e propria è una cosa che l'arte – spesso in tandem con il commercio – è fin troppo capace di fare. Gli artisti, i curatori, e gli storici dell'arte talvolta sono felici nel concedere di estetizzare una religione, proprio perchè per loro è semplice operare sulla presunzione che l'arte sia facilmente separabile dalla religione, come se l'arte fosse il fiore da cogliere da quella poco pertinente pianta che è la pratica devota della religione stessa.
È forse questo quello che troviamo nei dieci silenziosi momenti del video di Kimsooja? Ci troviamo spinti a cogliere dal Buddhismo e dall'Induismo, o dalla vita quotidiana di un anonimo lavoratore qualche essenza universale che possa essere introdotta nel mercato delle nostre vite, e resa dunque merce di scambio come se fosse un prodotto dell'industria globale del turismo di massa? Ci invita forse l'artista a eliminare l'esteriorità pittoresca di una vita-mondo, e gettarne le interiora inutili nel fiume che passa esclusivamente nel nome liberale dell'Arte? Queste sono domande importanti da porsi in quest'epoca di iper-capitalismo, proprio nel momento in cui tutto può essere mercificato per soddisfare l'auto-costruzione di consumatori instancabilmente avidi. Non c'è più nulla di sacro? Assolutamente no, risponde il mercato.

Un saggio scritto da Elizabeth Brown per un catalogo educativo ci informa che la figura in riva al fiume non è una lavandaia, ma l'artista stessa.[4] L'artista appare come se stessa anche in *A Needle Woman*, dopo aver passato alcuni anni impegnata come ricamatrice. Per cui, i video in questione non sono documenti etnografici. *A Laundry Woman* è la descrizione da parte dell'artista di un'operaia, che osservando i frammenti di un funerale induista che scorrono sulla superficie delle acque torbide del fiume, contempla il destino degli uomini (secondo Brown). L'artista concepisce l'opera d'arte letteralmente come proiezione di se stessa al posto di qualcun altro, e invita l'osservatore a seguirla sotto la sua guida. In questo modo, lei agisce secondo il concetto che l'idea di situazione umana, comune all'Induismo e al Buddhismo, sia anche riconducibile al rigore della pratica artistica. In questo lei, probabilmente, suppone che i confini che separano i due concetti non siano marcatamente definiti. Nel progetto *Awake*, al quale Kimsooja ha preso parte, si afferma che il buddhismo non ha bisogno di essere definito come religione, bensì come scienza della mente, i cui principi possono essere esportati in modo produttivo e applicati da non buddhisti nella creazione di opere d'arte.
Se l'analisi buddhista della coscienza umana produce penetranti introspezioni, e particolarmente introspezioni comparabili a bellissimi modi di fare arte, è forse il comportamento buddhista (o induista, o cristiano, o

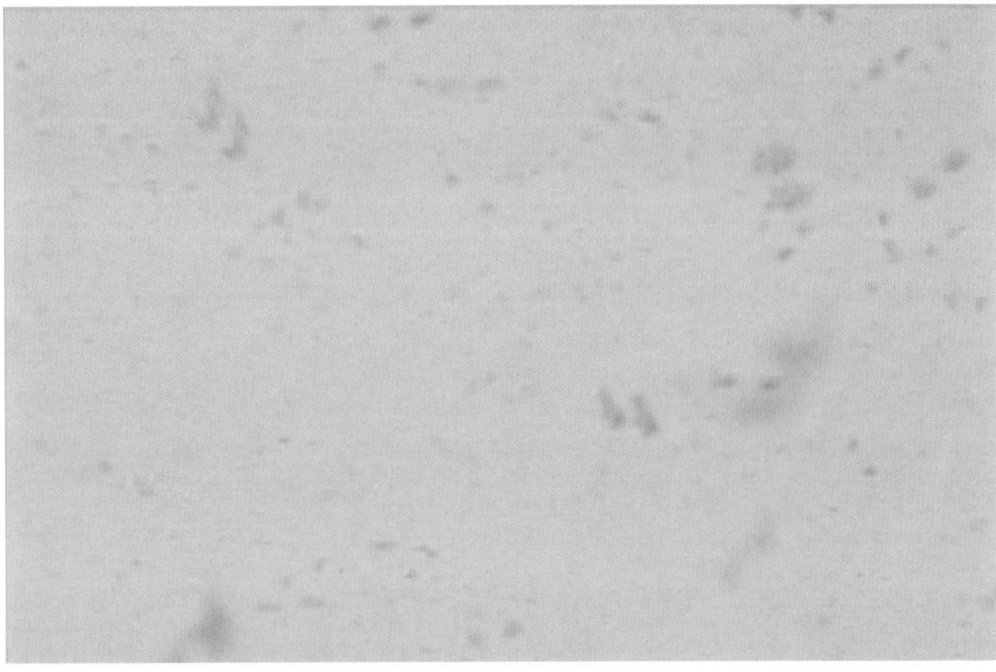

Bottari – drawing the snow, 2001

the passing river—all in the liberal name of Art? These are important questions to ask in the age of hyper-capitalism, when anything may be commoditized to supply the self-construction of inexhaustibly acquisitive consumers. Is nothing sacred? Absolutely not, the marketplace answers.

An instructive catalogue essay by Elizabeth Brown informs us that the figure at riverside is not a laundry woman, but the artist herself.[4] The artist also appeared as herself in *A Needle Woman*, having herself spent several years engaged in the practice of needlework. These videos are not, therefore, ethnographic documents. *A Laundry Woman* is the artist's portrayal of a laborer who watches fragments of a Hindu funeral rite pass by her on the river's murky surface, contemplating human fate (as she told Brown). The artist constructs the work of art as a literal projection of herself into the place of another, and invites viewers to follow her lead. In doing so, she acts on the belief that the human situation as diagnosed by Hinduism or by Buddhism is also available to the rigors of artistic practice. She may assume that the boundaries separating the two are blurred. The Awake project, in which Kimsooja has participated, asserts in its webpage that Buddhism need not be construed as a religion, but as a science of the mind, whose principles, it follows, can be productively exported and applied by non-Buddhists in works of art.[5]

If Buddhism's analysis of human consciousness produces penetrating insights, particularly insights that are comparable in striking ways to artistic practice, is it an act of cultural skimming for artists to act like Buddhists (or Hindus or Christians or Zoroastrians)? As the brief foray into the philosophy of Arthur Schopenhauer might suggest, the modern

zoroastriano) di molti artisti da considerarsi come una banalizzazione culturale?
Come potrebbe suggerire la breve incursione che abbiamo fatto nella filosofia di Arthur Schopenhauer, il moderno tentativo di istituire la potenza rivelatrice dell'arte insieme all'autonomia del genio artistico, sostiene in modo chiaro che l'esperienza estetica è un'operazione incorporata che corre in parallelo con la religione, in quanto nasce dalla struttura profonda della coscienza umana. La religione si sviluppa in modo proprio, esattamente come fa l'arte. Questo proprio in virtù della struttura fondante di mente-corpo, sulla quale sono costruite queste attività umane. Ma Schopenhauer non propose una religione dell'arte. Lui considerava l'arte una consolazione, non una chiarificazione della vita, o ancora, una terapia per curare i propri malanni. L'arte non è altro che il risultato di una breve osservazione del mondo in modo disinteressato ed estetico. Perciò l'arte non può pretendere di ottenere qualcosa che sia più giusto della religione. Questo qualcosa può essere solo diverso.
Se in ciò esiste verità, Kimsooja nel suo video non si sta comportando come un'induista o una buddhista (lei è nata in Corea, ma non è una buddhista praticante). Con l'astrarsi fino al punto di diventare solamente una presenza silenziosa in un dipinto, come si suggeriva sopra, il video ricorda i dipinti coreani o cinesi a inchiostro, che rappresentano poeti persi nei loro pensieri sulle rive di laghi coperti di bruma. Tuttavia il video scambia l'aristocratico poeta con una semplice operaia, forse nel tentativo di comunicare che l'illuminazione può raggiungere chiunque, non solamente poeti e artisti. *A Laundry Woman* immerge l'osservatore, ogni osservatore, in un profondo atto visivo, uno stato mentale di assorbimento in cui l'incoscienza si riempie con l'oggetto della percezione, fino al punto in cui non ci si pone più domande su quello che si sta osservando, ma ci si trova a superare la distinzione tra soggetto e oggetto identificata da Schopenhauer. Quella distinzione che forma la struttura base della conoscenza razionale, o della ragione stessa. In questo stato di raccoglimento, che chiunque trova nella pratica di qualunque religione come anche nell'osservazione fissa delle onde, l'ego e la sua piccola sfera di sofferenza spariscono beatamente.
In questa lenta scena ci è data solamente un'inquadratura, che è ripetutamente penetrata da oggetti galleggianti e piccoli gorghi. La mente è condotta verso il mondo fuori dello schermo, quel mondo con il quale noi possiamo interagire attraverso quegli oggetti e quelle riflessioni luccicanti che appaiono e scompaiono. A livello indisciplinato, la coscienza umana è solo questa singola inquadratura, un fragile apparato impostato su un tumulto di eventi. Ma la disciplina del guardare che l'arte e la meditazione portano con sé invita l'osservatore al riposo: egli è sospeso in un silenzio tale da vedere il mondo prendere forma all'interno dei limitati confini dell'umano. Come Buddha precisò in un suo famoso sermone, "dentro questo corpo sensibile di fattezze umane, io postulo il mondo, il sorgere del mondo, la cessazione del mondo e il sentiero che porta alla fine del mondo".[6] Lo strumento della sofferenza è anche lo strumento che fa cessare la sofferenza.
Per i milioni di individui che vedono in Buddha la loro figura venerabile,

project of establishing the independently revelatory power of art and the autonomy of artistic genius argues resolutely that aesthetic experience is an embodied operation that parallels religious experience because it proceeds from the underlying structure of human consciousness.
Religion happens the way it does, like art in its right, because of the nature of the mind-body on which they are built as human activities. But Schopenhauer did not propose a religion of art. He regarded art as a consolation, not an explanation of life or a therapy for curing its ills. Art is no other than the short-lived result of looking at the world disinterestedly, aesthetically. Art, therefore, cannot claim to get things more right than religion, any more than the reverse, but only differently.
If there is any truth to this, Kimsooja is not acting like a Hindu or Buddhist in her video (she was born in Korea, but is not a practicing Buddhist). By paring itself away to the silent presence of a painting, as suggested above, the video recalls Korean or Chinese ink paintings of poets lost in thought before mist-covered lakes. Yet the video exchanges the aristocrat-poet for a common laborer, perhaps in order to urge that enlightenment is for everyone, not just poets and artists. *A Laundry Woman* immerses the viewer, any viewer, in a sustained act of looking, an absorbed state in which consciousness fills up with the object of perception such that one no longer thinks about what one sees, but think as it, having overcome the subject-object distinction that Schopenhauer identified as the basic structure of rational knowledge or reason. In this absorbed state of mind, which one finds in all religions as well as in the transfixed stare of the beach comber, the ego and its small sphere of suffering fade blissfully away.
We have in this slowly moving visual field only a single frame, which is repeatedly penetrated by flotsam and gentle eddies. The mind is directed to the world off-screen, the world we can only infer by the passing objects and shimmering reflections that appear and then vanish.
At its undisciplined level, human consciousness is just this single frame, a fragile apparatus imposed on a welter of events. But the discipline of looking that art and meditation pursue brings the viewer to rest, suspends one in silence to find the world taking shape in the small bounds of the human frame. As Buddha put it in a famous sermon, "Within this fathom-long sentient body itself, I postulate the world, the arising of the world, the cessation of the world, and the path leading to the cessation of the world." The instrument of suffering is also the instrument to end suffering.
For the millions of people who worship Buddha as a divine being who assists them in attaining higher rebirth and progressing toward ultimate release, Buddhism is clearly a religion. For others, however, Buddhist meditation is essentially a science of mind, and not a religion. For the latter, art-making and viewing may act as a non-religious form of meditation. Although he may have separated art and life more than many artists today would prefer, Schopenhauer regarded art as a way of looking at life. As such, art is a special form of consciousness, operating like meditation and teaching us to simplify our lives and to loosen the hold that our fears and desires exert over us. Such art does not save us.

quella entità divina che li assiste nel raggiungimento di una rinascita più elevata e li guida verso l'assoluto, il Buddhismo è chiaramente una religione. Per altri, comunque, la meditazione buddhista è essenzialmente una scienza della mente, e non una religione. Per queste persone, il fare e guardare arte può essere una forma non religiosa di meditazione. Anche se Schopenhauer può aver separato l'arte e la vita, più di quanto molti artisti di oggi potrebbero preferire, egli intese l'arte come un modo di vedere la vita. Così, l'arte è una forma speciale di coscienza, che opera come una forma meditativa, e che ci insegna a semplificare le nostre vite e ci aiuta a sciogliere quei nodi che le paure e i desideri generano su di noi. Questo tipo di arte non ci salva. Non è una religione. Ma come la meditazione, ci può aiutare a vedere più chiaro.
L'arte potrebbe non durare a lungo nelle sue brevi epifanie. Da come ho tentato di suggerire, questo accade perchè il suo scopo è diverso da quello della religione. L'arte è pensiero sensibile, e può essere chiamata cognizione corporea o legata al mondo dei sensi. Essa opera all'interno delle sensazioni che inondano i campi della percezione e cerca di approfondire e cambiare il registro dei pensieri e del sentimento che noi trasponiamo nelle nostre esperienze – tutte le esperienze. La religione inoltre agisce nella trascendenza, ma il suo scopo principale è di trattenerci sul posto: che si tratti di questo mondo o di quello che verrà. In un simile contesto, non c'è da sorprendersi del fatto che la religione abbia sempre fatto uso dell'arte (per questa e per tante altre ragioni) o che gli artisti trovino affascinanti i parallelismi concettuali tra le loro pratiche creative e quelle dei devoti alla religione. Ma le due figure non sono riconducibili l'una con l'altra. Kimsooja non tenta di renderci credenti, ma semplicemente migliori osservatori.

1. Dhammapada, *The Path of Perfection*, Penguin, Londra 1973, p. 40.
2. Arthur Schopenhauer, *Il mondo come volontà e rappresentazione*, trad. Paolo Savj-Lopez, Laterza, Bari 1968, vol. 1, pp. 178-79, 34: «*io sono questa creazione, e a parte me, non esiste nessun altro essere*».
3. *Ibidem*, p. 181.
4. Elizabeth A. Brown, "Exploring WOW; o, How Works of Art Work," nel *WOW: The Work of the Work*, catalogo della mostra (Seattle: Henry Art Gallery, University of Washington, 2005), p. 15.
5. www.artandbuddhism.org, p. 1.

David Morgan insegna "Cristianità e Arte" all'università di Valparaiso. È autore di numerosi saggi d'arte contemporanea. Ha inoltre pubblicato diversi libri, tra i quali *Visual Piety* (California, 1998), e più di recente *The Sacred Gaze* (California, 2005). Questo saggio è stato pubblicato per la prima volta in *Curator: The Museum Journal*, vol. 49, n. 3, autunno 2005.

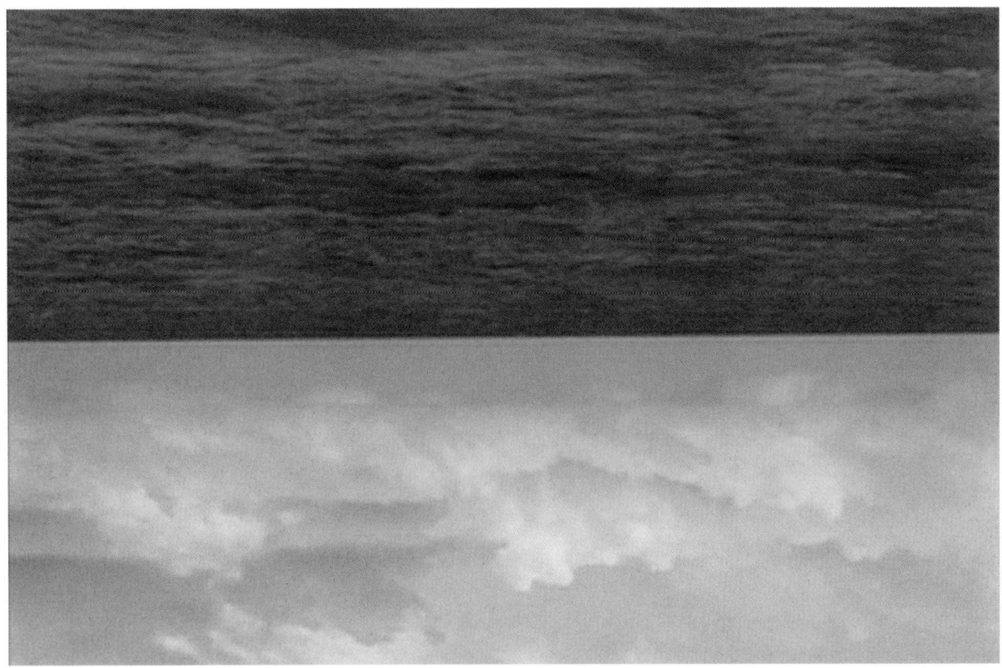

Bottari - Alfa Beach, 2001

It is not a religion. But like meditation, it can help us see clearly. Art may not last long in its brief epiphanies. As I've tried to suggest, that is because its task is different than religion's. Art is sensuous thinking, what might be called embodied or sensate cognition. It thinks in the sensations that flood the field of perception and it seeks to change and deepen the registers of thought and feeling that we bring to our experience—all experience. Religion also traffics in transcendence, but its final aim is to keep us there—whether it is in this world or the next. Given this similar content, it is not surprising that religion has always made use of art (for this reason and many others) or that artists find fascinating parallels between their creative practices and those of religious believers. But the two are not reducible to one another. Kimsooja is not trying to make believers of us, but better seers.

1. *The Dhammapada: The Path of Perfection*, trans. Juan Mascar (London: Penguin, 1973), 40.
2. Arthur Schopenhauer, *The World as Will and Representation*, trans. E. F. J. Payne, 2 vols. (New York: Dover, 1969), vol. 1, 178-79. Emphasis in original.
3. Ibid., 181.
4. Elizabeth A. Brown, "Exploring WOW; or, How Works of Art Work," in *WOW: The Work of the Work*, exhibition catalogue (Seattle: Henry Art Gallery, University of Washington, 2005), 15.
5. www.artandbuddhism.org, p. 1.

David Morgan is the Phyllis and Richard Duesenberg Professor of Christianity and the Arts at Valparaiso University. The author of many essays on contemporary art, he has also published several books, including *Visual Piety* (University of California Press, 1998), and most recently *The Sacred Gaze* (University of California Press, 2005). This article was first published in *Curator: The Museum Journal*, vol. 49, no. 3, fall 2005.

Intervista

Nicolas Bourriaud

NB: Nella filosofia buddhista esiste una nozione di grande importanza: l'impermanenza del mondo in cui viviamo. *A Needle Woman* si confronta con elementi di passaggio, come per sottolineare questa transitorietà e la fluidità delle cose. Nella tua opera, come si rapporta il pensiero orientale con la storia dell'arte contemporanea?

KS: La transitorietà delle nostre vite è un elemento importante nella mia opera. Pensando a ciò, ho maturato una profonda partecipazione verso gli esseri umani. La meditazione sulla transitorietà è apparsa nei miei lavori sin da quando iniziai a cucire insieme pezzi di stoffa nei primi anni Ottanta – unendo alcuni frammenti dei vestiti della mia nonna defunta.
La filosofia buddhista, in particolare il Buddhismo Zen, si intreccia con il mio modo di percepire e di interagire con il mondo. Comunque, nel mio lavoro le idee nascono dalle domande che mi pongo, e dalle mie esperienze personali. Non direttamente dalle teorie buddhiste. (In realtà la questione è complessa – io ho formalmente ricevuto un'educazione cattolica, e per un certo periodo sono anche stata cristiana praticante, ma la vita quotidiana coreana è dominata dal Confucianesimo, un misto di Buddhismo e Shamanismo.)
Certamente, quando le mie intuizioni e le mie scelte incontrano i principi buddhisti – sia nell'arte che nella vita – non mi baso consapevolmente su delle teorie. Ho smesso volontariamente di leggere più di dieci anni fa, per concentrarmi e seguire i miei pensieri, ma recentemente ho ricominciato, in particolare su testi legati al Buddhismo, nel quale trovo interessanti somiglianze con il mio lavoro e il mio modo di vedere la vita. Aggiungo anche che il pensiero orientale è presente in ogni contesto della storia dell'arte contemporanea, non solo come teoria ma come atteggiamento intrecciato alla personalità e all'esistenza degli individui, e questo è inseparabile dal pensiero occidentale.

NB: Ritieni che il pensiero orientale abbia un vero impatto sul mondo dell'arte contemporanea, o che sia soltanto una sorta di esotismo postmoderno, un decoro per le indagini estetiche dell'occidente?

KS: Sarebbe triste se il mondo dell'arte occidentale considerasse il pensiero orientale come una decorazione per le proprie ricerche estetiche. Come se fosse semplicemente un elemento da giustapporre senza considerare che in realtà quello è un modo di creare opere d'arte. Esso è sempre presente come forma dialettica, contemporaneamente in tutti i fenomeni legati all'arte e alla vita. Il pensiero orientale spesso si esprime in modo passivo e riservato, frequentemente invisibile, non-verbale, indiretto, mascherato, e immateriale. Il pensiero occidentale in confronto ai modi e ai metodi orientali è mosso in maggior misura dalla ricerca di identità, dalla controversia, dalla gravità intesa come

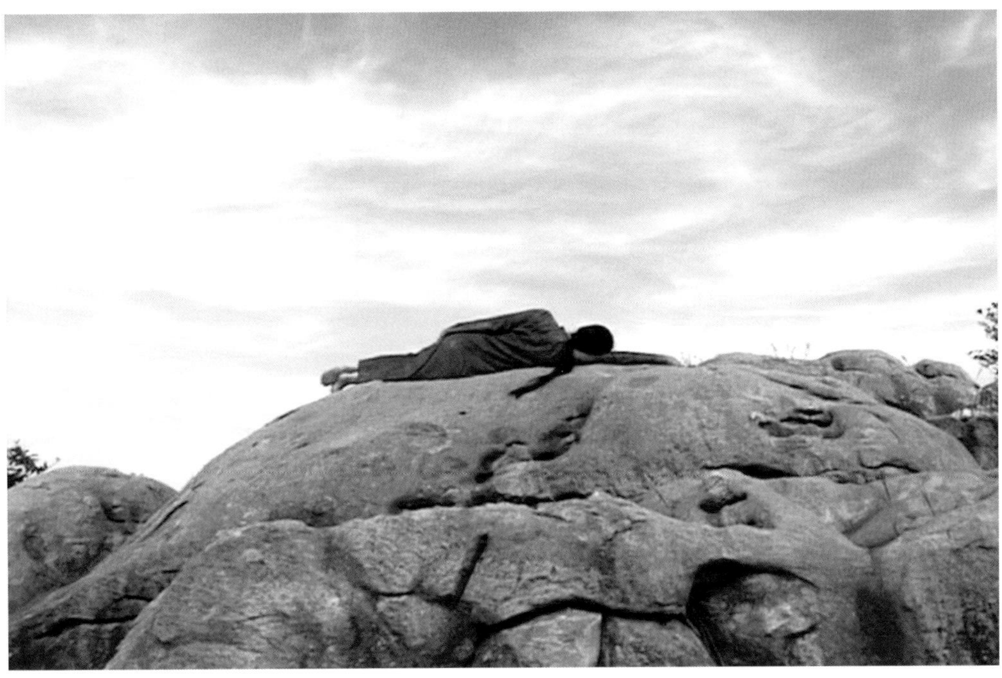

A Needle Woman – Kitakyushu, 1999

Interview

Nicolas Bourriaud

NB: In Buddhist philosophy, there is a notion that has great importance: the impermanence of the world we live in. The Needle Woman stands in front of passersby, as if you were stressing this impermanence, or the fluidity of things. How does the Eastern way of thinking match contemporary art history in your work?

KS: The impermanence of our lives is an important notion in my work, and thinking with this perception comes a deeper compassion for human beings. Meditation about impermanence has appeared in my work since I first started the sewing pieces in the early '80s—connecting fragments of my deceased grandmother's clothes.
Buddhist philosophy, especially Zen Buddhism, is similar to the way I perceive and function in the world. However, the ideas in my work are created from my own questions and experiences, not from Buddhist theory itself. (It is more complicated—as I was brought up formally a Catholic and practiced also Christianity for some time, but Korean daily life practice is greatly dominated by Confucianism, a mixture of Buddhism and Shamanism.) Certainly, where my immediate perceptions and decisions in art-making meet the disciplines of Buddhism—making art and living my life—are not consciously borrowed from theories. I intentionally stopped reading over a decade ago to concentrate and follow my own thoughts, but I recently started reading again, especially on Buddhism; in it I find amazing

pesantezza, dalla costruzione invece che dalla decostruzione, e dal materiale anziché dall'immateriale. In conclusione nell'arte contemporanea, il processo creativo si trasforma nella consapevolezza e nella necessità della presenza di entrambe le forme di pensiero. Si tratta di yin e yang, la coesistenza che trasforma e arricchisce tutto in modo incommensurabile.

NB: Avresti potuto decidere di ignorare il tuo background culturale coreano, invece hai deciso di utilizzarlo come un tema. In qualche modo, in particolare con la serie *Bottari*, il tuo lavoro riproduce gli elementi di alcune forme e disegni coreani esistenti. Ma in termini formali, le tue mostre giocano con l'arte minimale. Il minimalismo svolge un ruolo in questa connessione tra Oriente e Occidente? Quali movimenti e quali artisti ti hanno ispirata maggiormente?

KS: Nella mia opera ho sempre tratto ispirazione dalla mia vita privata – sperando che essa potesse abbracciarla. Se non fossi cresciuta e se non avessi vissuto come donna sposata nella società coreana, non avrei certamente scelto questi copriletti tradizionali. In Corea essi hanno un significato particolare. Il letto è il luogo della nascita e della morte, il luogo del dormire, del fare l'amore, del soffrire, del sognare, e del morire – il letto incornicia la nostra esistenza. In Corea il copriletto è regalato alle coppie appena sposate, con messaggi mirabilmente ricamati simboleggianti desideri d'amore, fortuna, felicità, tanti figli, e una lunga vita... è così facile notare tutte le contraddizioni, quando osserviamo questi simboli. Non riesco a interpretare nello stesso modo la mia cultura con i materiali di un'altra cultura... Ho sempre cercato di trovare dei materiali nei loro contesti, ma finiva sempre che mi ritrovavo a dovermeli procurare in Corea perché quelli a disposizione avevano un aspetto insignificante, ed era difficile trovare in essi la stessa energia.
Per quanto riguarda il minimalismo, sono d'accordo con te, quando dici che costituisce una parte del mio lavoro, però inteso nel senso di estendere la sua interpretazione sia alla vita, sia alla forma. Il critico d'arte giapponese Keiji Nakamura vede il mio lavoro come un *minimalismo esistenziale*, e questo è un concetto che mi è affine. Ho molto rispetto per la visione minimalista e per il minimalismo inteso come processo di creazione artistica. Sebbene i contenuti che i minimalisti prendono in considerazione sono spesso massimali. È difficile indicare un particolare artista che mi ha ispirato. In qualche modo ho tratto ispirazione da tutti quelli sui quali mi sono fatta un'opinione – addirittura anche da quelle persone con cui mi trovo in disaccordo. Tuttavia, c'è un'affermazione di John Cage, che vidi sulla parte inferiore di un contenitore vuoto alla Biennale di Parigi nel 1985, che mi risuonò in mente per tanto tempo: "Se proviamo a generarlo o no, il suono si sente".

NB: In parte lavori con oggetti e superfici costruite da altri. Naturalmente il *ready-made* non è più una scommessa, ma nel tuo caso questo potrebbe essere indagato a un livello sociale o psicologico. La nozione di minimalismo esistenziale può guidarci in questa direzione, anche perché

similarities with my work and perception of life.
I might add that the Eastern way of thinking inhabits every context of contemporary art history—not just as a theory, but as attitude melded into one's personality and existence—and is inseparable with Western thinking.

NB: Do you think that Eastern thought has a real impact on the contemporary art world, or is it only a postmodern kind of exoticism, a decor for Western aesthetic investigations?

KS: It would be unfortunate if the Western art world considered Eastern thought as a decor for Western aesthetic investigation—as if it were another element to add without noticing the fact that it is a way in the process of making art. It is always there—as a dialectic—in all basic phenomena of art and life together. Eastern thought often functions in a passive and reserved way of expression, usually invisible, nonverbal, indirect, disguised and immaterial. Western thought functions more with identity, controversy, gravity, construction in general rather than deconstruction, and material rather than immaterial compared to Eastern ways. The process finally becomes the awareness and necessity of the presence of both in contemporary art. It is the "Yin" and "Yang"—a coexistence that endlessly transforms and enriches.

NB: You could have chosen to ignore your Korean cultural background, but you decided to use it as a material. In a way, especially in the *Bottari* series, your work post-produces formal elements from already existing Korean shapes and patterns. But formally speaking, your exhibitions are playing with minimal art. Would minimalism play a special role in this connection between East and West? And which movements or artists were the most influential for you?

KS: I have always used my personal life as the basic material for my work—hoping it would embrace the other. If I hadn't grown up and lived as a married woman in a Korean society, I wouldn't have chosen these traditional bedcovers. In Korea, they have a special meaning, as the bed is the site of birth and death—of sleeping, loving, suffering, dreaming, dying. It frames our existence. The bedcover is given to and used by newly married couples in Korea with messages beautifully embroidered and emblematic of wishes for love, fortune, happiness, many sons, and a long life… It is so easy to notice its contradiction when we see these symbols. I can't interpret my own culture with another culture's materials in the same way… I tried to find materials in their own context, but it always ended up with me bringing materials from Korea, as theirs looked so neutral and hard to get the sense of the energy I feel from ours.
As for minimalism, I agree with you [that it is] a part of the nature of my practice, but in the sense of extending its interpretation to life as well as formal terms. The Japanese art critic Keiji Nakamura perceives my work as "existential minimalism," and this makes sense to me also. I greatly respect minimalism in the sense of the process of making art as well as its vision. However, the content minimalists deal with is often maximal. It's hard to name any particular

porta con sé una chiara idea di umanità, cioè una precisa immagine di persone che creano prodotti in un uno specifico contesto. Così, quale posizione occupano nella tua mente, e in generale nella tua opera, quegli oggetti? È per te naturale usare quei copriletti, oppure prendi in considerazione i loro contesti di produzione e le condizioni delle persone che li producono? E, più in generale, qual è il ruolo delle preesistenze in un'opera d'arte?

KS: L'analisi dei miei *already-mades* può fornire un indizio importante per identificare il contesto del mio lavoro. Io uso oggetti che appartengono alla vita domestica coreana fin dai primi anni Novanta, in modo particolare nella serie *Deductive Object*. Qui ho scelto degli *already-mades* tradizionali della vita domestica coreana: telai di finestre, bobine, bidoni, e attrezzi agricoli, una sega, badili, forchette, ganci... e li ho avvolti tutti con vecchi vestiti e copriletti coreani.
Al momento lavoro a New York e uso esclusivamente oggetti che trovo qui; una toilette per bambini, un'altalena, dei vasi, una guida informativa di un grande magazzino… Spesso penso di più alle persone che hanno posseduto e usato quegli oggetti – lasciando su di essi delle tracce – che alle persone che li hanno creati o fabbricati. E noto che la loro forma e funzione è simbolicamente classificata in base al genere.
Probabilmente dobbiamo ridefinire l'idea di *already-mades* in un contesto più ampio, invece che affidarci all'indagine compiuta da Marcel Duchamp. È in particolare in quest'epoca, caratterizzata dalla produzione di massa e dalla comunicazione globale, che una ridefinizione costante risulta necessaria. Il mio lavoro tratta di cose preesistenti, sepolte nelle nostre vite quotidiane – non menzionate e mai concettualizzate nella storia dell'arte.
Il mio lavoro consiste anche nel presentare il lavoro quotidiano delle donne all'interno della sfera domestica, nel tentativo di ridefinirne il significato sociale, culturale ed estetico, e di contestualizzarlo nella storia dell'arte contemporanea.

NB: Questo concetto della preesistenza delle cose è molto interessante. In un certo modo, si può dire che lavori con gli spiriti degli oggetti, le loro aure, provando a modificare l'invisibile per creare un'esperienza condivisa. Si ritiene che l'anonimo sia invisibile; e anche il passato, per lo più. È importante per te renderli visibili?

KS: Sì. Dipende dal carattere dell'oggetto già fatto. Il mio interesse è però indirizzato su altre questioni. Per esempio, quando uso i copriletti, lavoro con oggetti già esistenti e mi concentro più sul fatto del *pre-utilizzato* che sul *pre-fatto*. Concentro maggiormente la mia attenzione sull'anonimità dei corpi e dei destini delle coppie più che sull'anonimità di chi ha fabbricato i copriletti stessi; naturalmente sono anche interessata a chi li ha prodotti.
Contrariamente, riguardo agli oggetti folcloristici che ho usato, mi interessavano di più i caratteri legati al maschile e al femminile che alla struttura estetica e al funzionamento dell'oggetto nel quotidiano. In quel contesto, l'anonimità delle persone che li hanno creati o utilizzati era in

artist who was influential to me, as I've been influenced, in a way, by anyone whose work I have an opinion on—even those I don't agree with. Yet there is one statement by John Cage—I saw it written in the bottom corners of an empty container at the 1985 Paris Biennale—that has reverberated for a long time in my mind: "Whether we try to make it or not, the sound is heard."

NB: You are partly working with objects and surfaces made by other people. Of course the readymade is not at stake anymore, but in your case it could be questioned on a social or psychological level. The notion of existential minimalism could bring us to this direction, too, because it carries the idea of humanity, concrete people making products in a particular context. So what is the status of those objects in your mind and in your work in general? Is it a neutral process to use those bedcovers, or do you consider their context of production and the condition of the workers? And, more generally, what is the status of pre-existing things in an artwork?

KS: Analyzing the nature of my already-mades can give a significant clue to the context of my work. I've been using objects from Korean domestic daily life significantly in my series *Deductive Object* from the early '90s. Here, I chose traditional Korean domestic already-mades: wooden window frames, reels, drums, agricultural tools; a saw, shovels, forks, hooks… and wrapped them with old Korean clothes and bedcovers.
Now, as I am working exclusively in New York, I'm using objects found here: a child's toilet, a swing, vessels, an old directory board from a department store, etc. I've been thinking more about people who owned and used the objects and their traces rather than the people who made or manufactured them, and I'm noticing that they are symbolically gendered in form and function. Perhaps we need to redefine the notion of readymade in a larger context than relying on Marcel Duchamp's investigation—especially in this mass-producing, global-networking era which needs constant redefinition. My work is about pre-existing things buried into our daily lives—not mentioned or conceptualized in art history.
My work also includes a presentation of the daily life of women's labor and her domestic performance, trying to redefine the social, cultural and aesthetic meaning of it to create its own context in contemporary art history.

NB: This concept of pre-existence of things is very interesting. In a way, one could say that you are working with the ghosts of the objects, their aura, trying to turn the invisible into a shared experience. The anonymous is supposed to be invisible; so is the past, mostly. Is that important for you to make them visible?

KS: Yes. Depending on the nature of the already-made objects, my interest lies with different issues; for example, when I work with bed covers, I am working with pre-existing objects focusing more on the fact of 'pre-used' rather than 'pre-made,' as I am more focused on the anonymity of the bodies and the destinies of the couples rather than on the anonymity of who made the bed covers, although I am concerned about the people who made them. On the other hand, with the folklore objects I've used, my interest lies more in

realtà un fattore di secondaria importanza. Quando, invece, feci una serie di tappeti sui quali erano rappresentati i nomi degli schiavi afroamericani, che lavoravano nelle piantagioni degli Stati Uniti, tentai di intrecciare la pesantezza del lavoro delle tessitrici con quello degli schiavi, sottolineando in entrambi i casi la fatica provata da queste persone. Personalmente, credo che tra il lavoro delle tessitrici di tappeti e quello degli schiavi delle piantagioni ci siano dei caratteri in comune, anche se naturalmente in dimensione diversa. Vorrei comunque rivelare questo aspetto anonimo, come se facessi parte anch'io di questo anonimato.

NB: *Needle Woman* è una figura centrale nei tuoi lavori video: stai in piedi davanti a persone e oggetti, proprio nel mezzo del vortice della situazione, come se fossi distaccata dal mondo. È forse un'altra figura dell'anonimia: il *voyeur*? O te ne stai a guardare il mondo che ti passa davanti immergendoti sempre di più?

KS: È la punta dell'ago che penetra il tessuto, in tal modo possiamo unire le diverse parti di stoffa con dei fili, attraverso la cruna dell'ago.
Un ago è un'estensione del corpo, e il filo un'estensione della mente. La traccia della mente rimane sempre nel tessuto, ma l'ago lo abbandona, quando la sua comunicazione è compiuta. L'ago è un *medium*, un mistero, una realtà, un ermafrodita, un barometro, un momento e uno Zen.

NB: Guardando *A Needle Woman*, penso anche a un'immagine negativa del *flaneur* di Baudelaire, una figura archetipo della modernità occidentale. Stai incidendo il tuo lavoro nel campo della modernità, oppure per te quest'idea è assolutamente irrilevante?

KS: È interessante vedere la mia opera esaminata in quest'ottica – cioè paragonata ai lavori di altre persone, appartenenti a una cultura e a un'identità differente dalla mia. Oltretutto persone nate in tempi e luoghi diversi. Il mio lavoro tratta della totalità della vita e dell'arte. Si possono vedere delle realtà diverse in una persona o nell'arte. Può darsi che, per questo motivo, si scorgano varie similitudini nel mio lavoro.

NB: In un certo senso, tenti di catturare la totalità dell'esperienza umana, il che è raro. Come hai detto, il tuo lavoro non tratta di una questione in particolare. Puoi dirmi che cosa significa e che cosa implica inseguire una simile aspirazione?

KS: La totalità rappresenta la verità e la realtà delle cose. E ci vuole tempo per renderla comprensibile in una qualsivoglia forma linguistica. Io sono interessata a un approccio alla realtà che mi permetta di abbracciarla nella sua interezza. Per me questa è l'unica via per giungere al punto centrale della questione senza incorrere in artificiose manipolazioni. La maggior parte delle persone affronta la realtà per via analitica – *dal linguaggio al nesso* – e ciò rappresenta un giusto approccio alla verità, ma io propongo al pubblico *un nesso da analizzare*. Il mio modo di lavorare è intuitivo e credo che nella sua logica sia

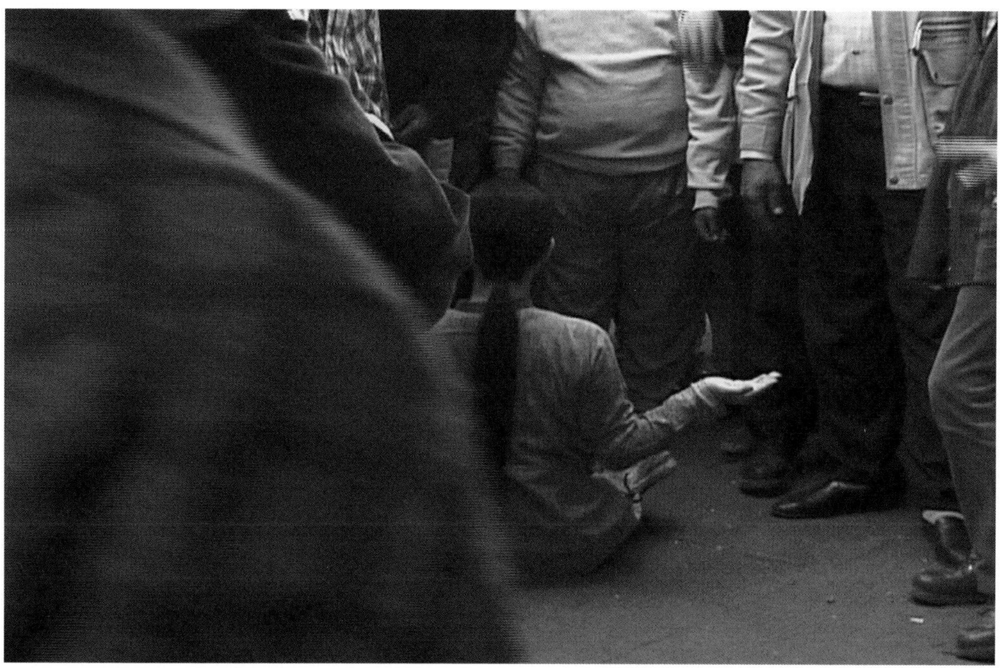

A Beggar Woman – Cairo, 2001

the gendered nature and aesthetic structure of the object and its function in daily life rather than the anonymous beings who made or used them. But when I made a series of carpets which embedded names of the African American slaves who used to work for the plantation houses in the US, I was trying to combine the nature of the painstaking labor of carpet weavers and that of the African American plantation slaves, emphasizing both of their hardships, as I find carpet weaving and a plantation job are similar jobs in a different dimension. I wish to reveal this anonymity—with myself as one of the anonymous.

NB: The Needle Woman is a central figure in your video works: You are standing in front of people and objects, right in the middle of a maelstrom of things, as if you were out of the world. Is that another figure of anonymity? (The voyeur? Or are you even more into the world by watching it pass?)

KS: It is the point of the needle that penetrates the fabric, and we can connect two different parts of the fabric with thread, through the eye of the needle. A needle is an extension of the body, and a thread is an extension of mind. The traces of mind stay always in the fabric, but the needle leaves the site when its mediation is complete. The needle is a medium, a mystery, a reality, a hermaphrodite, a barometer, a moment, and a Zen.

NB: Watching the Needle Woman, I was also thinking about a negative image of the Baudelairian "flaneur," an archetypal figure of occidental modernity. Are you inscribing your work in the field of modernity, or is it a notion that is totally irrelevant for you?

KS: It is interesting to see my work discussed in this way—being compared

coerente. Se ho un'ambizione è quella di essere solo un *essere* che non ha bisogno di riconoscersi in qualcuno di speciale, libero dalle follie e dai desideri degli uomini, senza dover far nulla di speciale. Il mio obiettivo è di *essere niente/nulla* e *creare niente/nulla*. È un processo lungo.

NB: Essere "libero dai desideri" suona molto buddhista. Possiamo definire l'artista che prova a liberare se stesso o lo spettatore una sorta di boddhisattva?

KS: Ricordo come si parlava del desiderio negli anni Ottanta, osservando i lavori degli artisti "simulazionisti" come Jeff Koons o Haim Steinbach: l'arte era l'assoluto oggetto del desiderio, una *merce pura*, una merce di scambio perfetta. Si esaminava il desiderio in termini di compulsione e di acquisto. Quindi oggi, quale sarebbe la relazione che intercede tra l'arte e il desiderio?
Gli artisti comunque si devono costantemente misurare con i loro desideri e i desideri del pubblico. Per me, le attività degli artisti sono affini a quelle dei monaci buddhisti nel senso che tentano di liberare l'artista e, allo stesso tempo, provano a condurlo oltre i propri limiti. In quest'epoca di globalizzazione e tecnologia, tuttavia, l'io, il corpo, lo spirito e tutto il resto può essere esaminato in molti modi differenti – comunque tutti gli artisti hanno a che fare con diversi tipi di desideri, spesso conformemente al loro contesto sociale e culturale. Il desiderio può essere visualizzato nella forma di un oggetto fisico, che soddisfa un senso di *possesso,* oppure in modo psicologico e metaforico, cioè che tratta il desiderio come se fosse un *soggetto*. Quando Claude Viallat diceva, "il desiderio guida", immagino che si riferisse a un'altra origine dell'istinto artistico. In quel caso collegava e visualizzava proprio queste due fonti diverse del desiderio. Gli artisti non riescono a domandarsi qual è l'origine del loro desiderio, e quale è il ruolo che esso gioca nel loro lavoro, si capisce alla fine che è questo il soggetto con il quale un artista si confronta, e solo allora soddisfa il desiderio.

Nicolas Bourriaud svolge attività di critico d'arte e di curatore, è co-direttore (con Jerome Sans) del Palais de Tokyo di Parigi, e fondatore e direttore della rivista *Documents* (1992-2000). Ha pubblicato: *Relational Aesthetics* (Press de Real,1998), *Formes de vie, L'art Moderne de L'invention de Soi* (Denoel, GG). Ha curato *Unmoving Short Movies* (Biennale di Venezia, 1990), *Aperto* (Biennale di Venezia, 1993) e la prima Biennale di Mosca. Quest'intervista è stata pubblicata per la prima volta nel catalogo della mostra personale itinerante di *Kimsooja Conditions of Humanity*, pubblicato a Milano dalla casa editrice 5 Continents.

to others from a completely different culture and social identity and also born at a different time and space. My work is focused on the totality of life and art. One can see different realities in one persona or in art. Perhaps that is why one sees diverse similarities in my work.

NB: In a way, you are trying to capture the totality of human experience, which is quite rare. As you said, your work is not about any particular issue. Can you tell me what this ambition implies, and means?

KS: Totality is the truth and the reality of things. And it takes time to clarify in language as a whole. I am interested in approaching the reality that embraces everything because it is the only way to get to the point without manipulations. Most people approach reality from analysis or "from language to colligation," which is the truth, but I am proposing a "colligation to be analyzed" by audiences. My working process is intuitive and I believe in its logic. If I have an ambition, it is to be just a "being" who has no need to be anyone special, but is freed from human follies and desires—without doing anything particular. "Being nothing/nothingness" and "making nothing/nothingness" is my goal. It is a long process.

NB: To be "freed from desires" sounds very Buddhistic. Is the artist a kind of boddhisattva, who tries to free himself/herself and to liberate the viewer?

KS: I remember the way desire was talked about in the '80s through the work of "simulationist" artists such as Jeff Koons or Haim Steinbach: art was the absolute object of desire, a "pure merchandise," a perfect exchange value. Desire was examined in terms of compulsion and acquisition. So today, what would be the relationship between art and desire?
In any case, artists have been constantly dealing with their own desire and audience. For me, artists' practices are similar to that of Buddhist monks' in the sense that they both try to liberate and to become beyond themselves. In this era of globalization and technology however, the self, the body, the spirit, and the other can be pursued in many ways—artists deal with different types of desires depending on their social and cultural context. Desire can be visualized in a physical object form that satisfies a sense of "possession" or in a psychological and metaphorical way that deals with desire as another "subject." When Claude Viallat said "Desire leads," I think he referred to another origin of art instinct which links and visualizes these two different sources of desires. Artists cannot help ask what is the origin of their desire, and what role desire plays in their work—to understand that this is "the subject" an artist confronts in the end, and to extinguish it.

Art critic and curator Nicolas Bourriaud is the co-director (with Jerome Sans) of Palais de Tokyo, Paris, and the founder and director of the magazine *Documents*. His books include *Relational Aesthetics* (Press de Real, 1998) and *Formes de vie, L'art Moderne de L'invention de Soi* (Denoel, 2003), and he curated "Unmoving Short Movies" (Venice Biennale, 1990), "Aperto" (Venice Biennale, 1993), and the First Moscow Biennale, among other exhibitions. This interview with Kimsooja was first published in the 2004 catalogue *Kimsooja: Conditions of Humanity* (5 Continents, Milan), which accompanied the traveling exhibition of the same name.

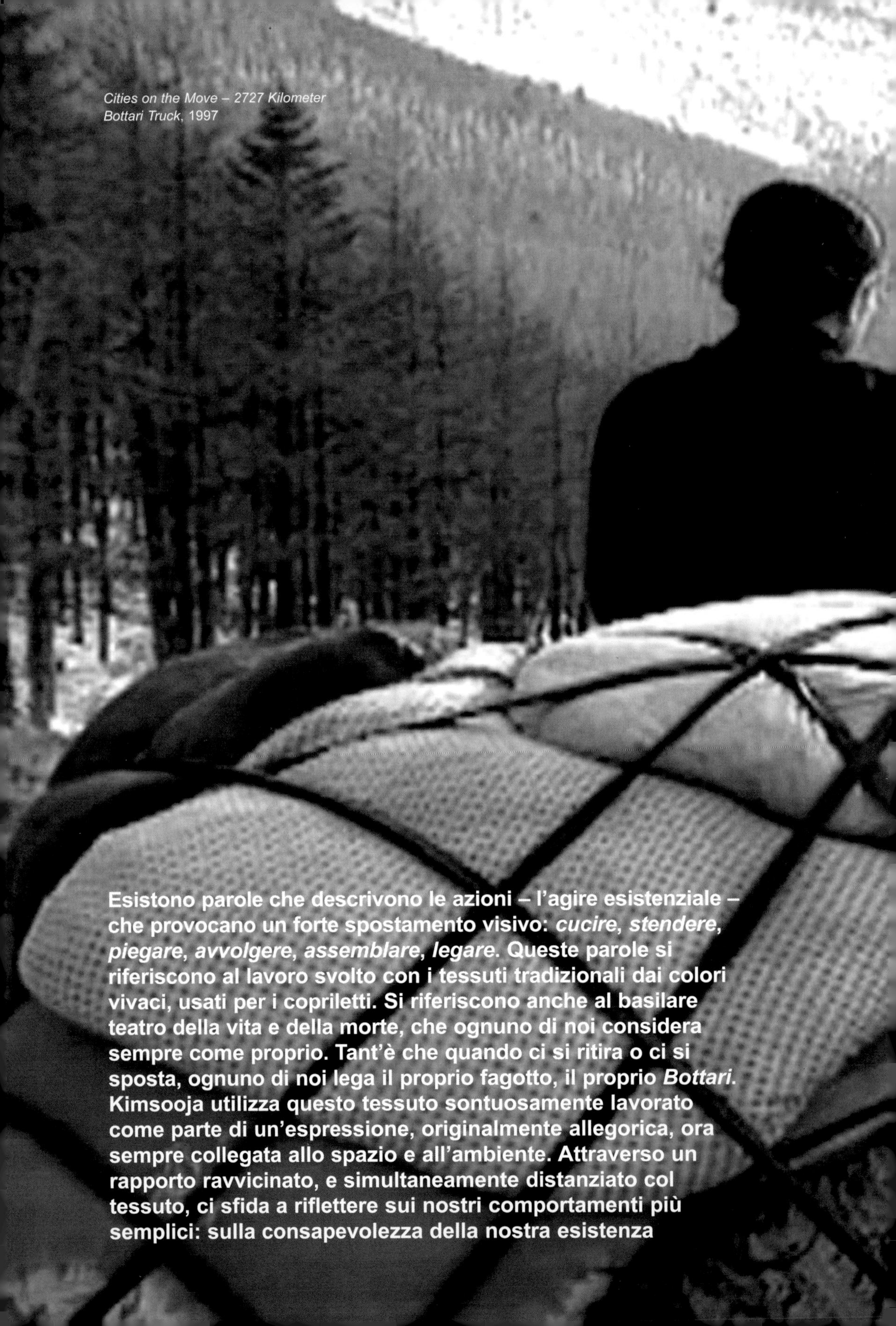

Cities on the Move – 2727 Kilometer Bottari Truck, 1997

Esistono parole che descrivono le azioni – l'agire esistenziale – che provocano un forte spostamento visivo: *cucire*, *stendere*, *piegare*, *avvolgere*, *assemblare*, *legare*. Queste parole si riferiscono al lavoro svolto con i tessuti tradizionali dai colori vivaci, usati per i copriletti. Si riferiscono anche al basilare teatro della vita e della morte, che ognuno di noi considera sempre come proprio. Tant'è che quando ci si ritira o ci si sposta, ognuno di noi lega il proprio fagotto, il proprio *Bottari*. Kimsooja utilizza questo tessuto sontuosamente lavorato come parte di un'espressione, originalmente allegorica, ora sempre collegata allo spazio e all'ambiente. Attraverso un rapporto ravvicinato, e simultaneamente distanziato col tessuto, ci sfida a riflettere sui nostri comportamenti più semplici: sulla consapevolezza della nostra esistenza

effimera, sul piacere del momento, sul cambiamento, sul migrare, sullo stabilirsi in un posto, sull'avventura, sulla sofferenza, sull'abbandono di ciò che ci è famigliare. Con grande maestria lei trasporta quei tessuti ricchi di memorie e di narrazioni nel presente, come se fossero aree di pura bellezza arricchite di toccanti associazioni mentali. E riesce a farlo con grande e sapientissima grazia.

Harald Szeemann

Harald Szeemann (1933-2005) è stato uno dei più importanti e influenti curatori nella storia dell'arte contemporanea. Curatore della storica mostra *When Attitude Becomes Forms*, di Documenta 5 (1972), della Biennale di Lione (1997), della Biennale di Venezia (1999 e 2001), dell'Expo 2002 *Money and Value - The Last Taboo*, e *Aube-Reveries au bord de Victor Hugo*. Kimsooja ha preso parte a molte mostre da lui curate. Questa frase è tratta da un articolo che scrisse per il giornale *Welt am Sonntag* di Amburgo, con il quale collaborò Kimsooja nel 2000 per un'edizione speciale.

Bottari, 1995

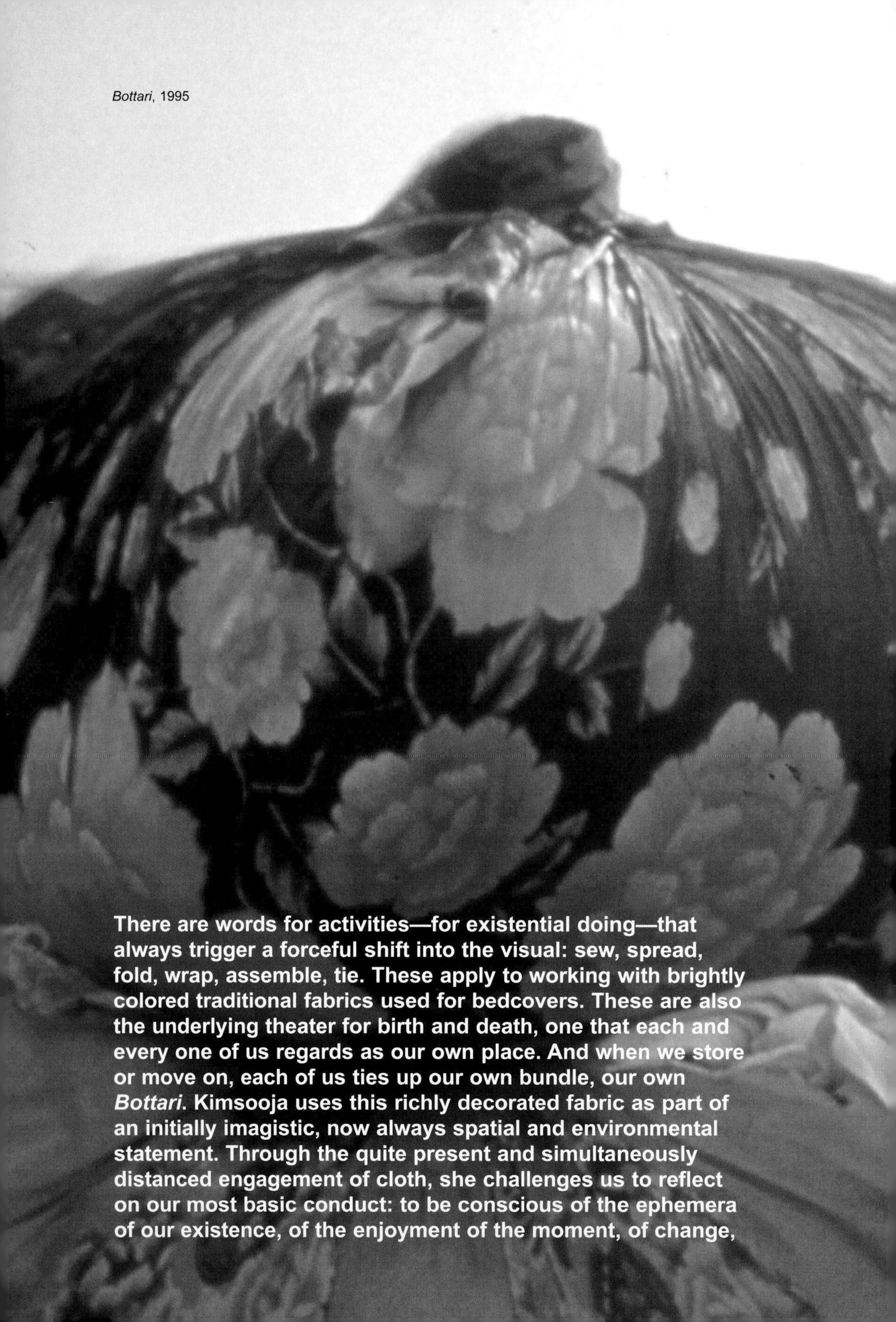

There are words for activities—for existential doing—that always trigger a forceful shift into the visual: sew, spread, fold, wrap, assemble, tie. These apply to working with brightly colored traditional fabrics used for bedcovers. These are also the underlying theater for birth and death, one that each and every one of us regards as our own place. And when we store or move on, each of us ties up our own bundle, our own *Bottari*. Kimsooja uses this richly decorated fabric as part of an initially imagistic, now always spatial and environmental statement. Through the quite present and simultaneously distanced engagement of cloth, she challenges us to reflect on our most basic conduct: to be conscious of the ephemera of our existence, of the enjoyment of the moment, of change,

migration, resettlement, adventure, suffering, and having to leave behind the familiar. She masterfully sets her fabrics, rich in memory and narrative, into the present situation as zones of beauty and affecting associations. With a grace that knows ever so much.

Harald Szeemann

Harald Szeemann (1933–2005) was one of the most important and influential curators in contemporary art history. He was the curator of the historic exhibitions "When Attitude Becomes Forms," Documenta 5 (1972), The Lyon Biennale (1997), The Venice Biennale (1999 & 2001), Expo 2002 "Money and Value – The Last Taboo" and "Aube-Reveries au bord de Victor Hugo." Kimsooja participated in numerous shows he curated before his death this year. His statement included here is an excerpt from an article he wrote for the newspaper Welt am Sonntag, Hamburg, about a special edition he collaborated on with Kimsooja in 2000.

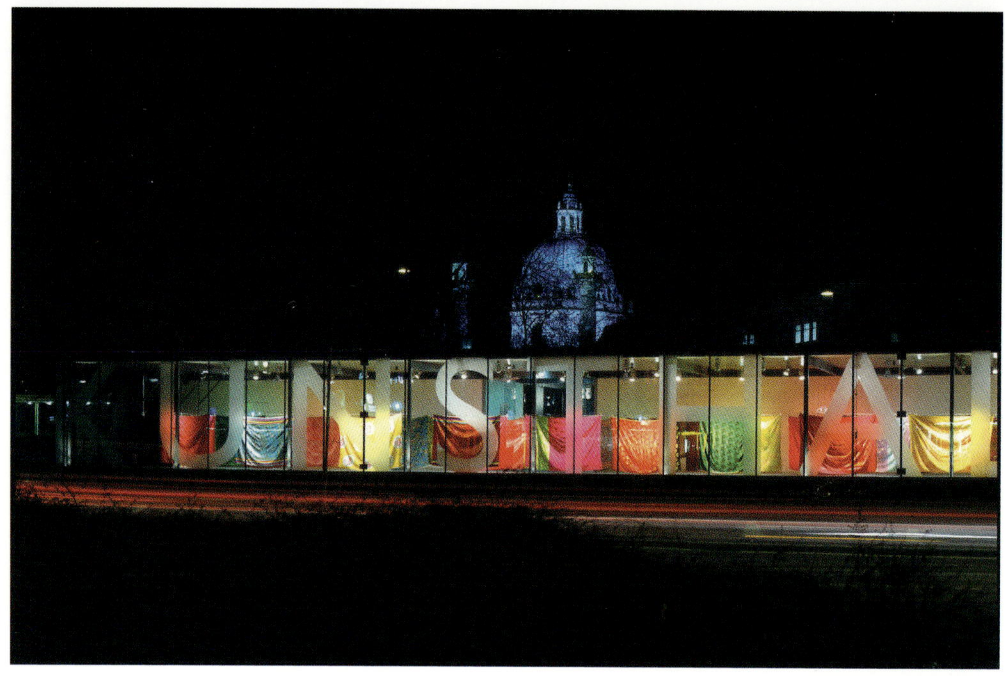

A Laundry Woman, 2002

Intervista

Gerald Matt

GM: Quando sono venuto a trovarti per la prima volta nel tuo appartamento nel centro di Manhattan, mi sentivo come se fossi stato trasportato in un altro mondo: un'enclave di contemplazione e concentrazione in una città la cui il la volontà è quella di accelerare il ritmo della vita. Hai portato con te la tua vita dalla Corea, e l'hai trapiantata nel contesto urbano di New York (quasi come un fagotto alla *Bottari*) o, invece, vedi il mondo coreano come un design alternativo, un universo parallelo dal ritmo esistenziale accelerato che ha quasi superato le capacità biologiche degli esseri umani?

KS: Se vivo in Corea o a New York, vivo comunque nel mio mondo isolato dal mondo esterno, così prendo le distanze dal resto. In un certo senso, a New York si può essere fisicamente più isolati che in Corea. Tuttavia mi sentivo più isolata in Corea, intellettualmente e psicologicamente, in una società sommersa dal consumo di massa, come succede spesso nei paesi in via di sviluppo. È chiaro che quest'idea influisce sul mondo artistico in Corea.

GM: È un isolamento splendido?

KS: Qualche volta sì. Soddisfa diverse parti del mio desiderio, e questa solitudine e questo isolamento mi consente di raggiungere il mondo dell'assoluto.

Interview

Gerald Matt

GM: When I visited you for the first time in your apartment in downtown Manhattan I felt as if I had just been transported into another world: an enclave of contemplation and concentration in a city whose maxim is the acceleration of the pace of life. Have you brought your world from Korea with you and transplanted it into the city context of New York (almost like a *bottari* bundle) or rather, do you see this Korean world as an alternative design/parallel universe to an accelerated existential rhythm which has almost exceeded the human beings' biological capacities?

KS: Whether I live in Korea or in New York, I live in my own world which is isolated from the outer world, and that's the way I keep distance from the other. As to the sense of isolation, New York can be a more isolated place than Korea in a physical way, but I felt much more isolation in Korea in an intellectual and psychological way, in a society that is overwhelmed by mass consumption, which often happens in developing counties. This idea obviously influences the art world in Korea.

GM: Is it a splendid isolation?

KS: Well, sometimes. It often fulfills different parts of my desire, and this loneliness and isolation enables me to reach to the absolute world.

GM: Traveling plays a central role in your work. The continuously changing new locations in which you place yourself and your art continue to change the context of your work. (In this respect, one might almost characterize your work as context art.) Would you say that traveling is a sort of means of survival for you—an activity that evokes positive feelings, or do you think what Paul Virilio called "the small death of departure" has a role to play here?

KS: Traveling for me is not always voluntary, but was often forced. It's been part of my life since I was a little girl. My father used to be in the military service since the Korean War, and our family had to move from one village to another, one city to another almost every two years. We lived and moved around the DMZ (demilitarized zone) areas for many years… It was a surprise for me to realize that we had been packing and unpacking bundles all the time, which is my actual body of work since the early '90s, and how clear and strong the passing landscape images from trains was in my childhood, as it is presented in my recent videos. Location and dislocation, encounter and separation were always there. I lived near borders and DMZ lines, and I think the fabric I deal with in a way is acting as that role of a "borderline." I had to carry on a great deal of "longing" and "nostalgia" as well as "lapse of memory" and "adjustment to the new environment" since I was a little girl. When I wasn't traveling

GM: Viaggiare ha un ruolo centrale nel tuo lavoro. I luoghi che cambiano ininterrottamente, e nei quali metti te stessa e la tua arte, continuano a cambiare il contesto del tuo lavoro. (Su questo punto, si può quasi definire il tuo lavoro come arte contestuale.) Diresti che viaggiare è una forma di sopravivenza per te – un'attività che suscita dei sentimenti positivi – o pensi che quello che Paul Virilio chiamava "la piccola morte della partenza" (n.d.t.) abbia qui un significato preciso?

KS: Non viaggio sempre volontariamente ma spesso perchè devo. È parte della mia vita da quando sono giovane. Mio padre lavorava per i militari durante la Guerra di Corea e la nostra famiglia ha dovuto spostarsi da un paesino all'altro, da una città all'altra quasi ogni due anni. Per molti anni abbiamo abitato e ci siamo spostati attorno alle aree DMZ (De-militarized Zone). Mi sorpresi quando mi resi conto di tutto quel tempo trascorso facendo e disfando le valigie e i pacchi – cosa che, dagli anni Novanta in poi, è diventata la mia opera – e quanto chiare e forti erano le immagini del paesaggio visto dal treno durante la mia infanzia, esattamente come sono state presentate nei miei video recenti. Il luogo e la dislocazione, l'incontro e la separazione c'erano sempre. Abitavo vicino alle frontiere e i confini del DMZ, e penso che il tessuto con cui lavoro abbia assunto il ruolo di linea di *confine/demarcazione*. Ho dovuto portare con me una grande quantità di *desiderio* e *nostalgia*, come anche *mancanza di memoria* e *adattamento al nuovo ambiente* sin da quando ero piccola. Quando non viaggiavo e stavo in qualche villaggio di montagna, guardavo sempre la grande montagna nera che mi stava davanti come se fosse un ostacolo, e desideravo andare oltre quella montagna per scoprire un altro mondo.

GM: Quando viaggi ti senti a casa, o ti manca casa tua?

KS: Non penso molto a casa mia quando viaggio, tanto so che poi ci torno sempre. Penso che ci si ponga rispetto al viaggiare conformemente ai modi in cui si viaggia. Quando siamo in treno o in autobus, le nostre memorie del passato rimangono nelle nostre menti più a lungo rispetto a quando viaggiamo in aereo. Gli aeroplani ci portano digitalmente verso il nulla, in un luogo dove non esiste la vita, creandoci un momento di disconnessone.
L'interminabile collocarsi e dislocarsi, lasciando persone dietro le spalle, e incontrando stranieri in posti strani, naturalmente ha avuto un impatto enorme sul mio sviluppo. Ho dovuto confrontarmi con quei dolorosi ricordi di persone e di luoghi, come mi sono sempre dovuta confrontare con le condizioni di vita che mi si presentavano di volta in volta.

GM: I tuoi viaggi artistici indicano un doppio-codice: da un lato, introduci (in qualunque disposizione) un'identità coreana in un nuovo *milieu* e, così facendo, eserciti un'autorità sul tuo ambiente immediato; dall'altro lato, sottoponi la tua sensibilità alle nuove impressioni così da cambiare potenzialmente la tua esperienza cosciente del mondo. Un teorico

somewhere, and I stayed in these mountain villages, I was always looking at the black big mountain that stood in front of me as if it were an obstacle, and longing to go beyond these mountains to discover another world.

GM: But do you feel at home when you travel? Or do you miss home?

KS: I don't think about home much when I travel, as I know I am going back. I think we tend to have a different attitude towards travel according to the ways we travel. When we are in a train or a bus, our memories left behind stay in our mind longer than when we are in the plane. Airplanes separate us digitally to nowhere, to the place where there is no life, creating a moment of disconnection.
Everlasting location and dislocation, leaving people behind, and meeting strangers in a strange place, of course, had a strong impact on my growth, and I had to deal with these heavy memories of people and places as well as dealing with new conditions of life.

GM: Your artistic journeys imply a double code: On the one hand, you introduce (of whatever disposition) a Korean identity into a new milieu and, in doing so, exercise an influence on your immediate environment. On the other hand, you subject your own sensibility to new impressions, thereby potentially altering your own conscious experience of the world. A theorist once remarked that it is at once the curse and delight of traveling that it makes "readable" places which formerly seemed boundless. Would you say that for you this process is generally one of disillusionment or overfulfillment of dreams?

KS: My interest in travel lies in my own perception of the world and its awakening, but is not about sentimental fulfillment of dreams. And I think disillusionment is the nature of encounter if there were any illusion.

GM: For your work *Cities on the Move - 2727 Kilometer Bottari Truck*, you loaded the back of a lorry with *bottari* and drove through Korea in 1997, and in the Venice Biennial in 1999 you made a journey from Korea to Venice which was titled *d'APERTutto, or Bottari Truck in Exile*, dedicated to the Kosovo refugees. What role does the political dimension play—or, more precisely, political intervention—in your aesthetics?

KS: In the sense that my interest lies tremendously in the human condition and its reality, I would say it is inevitable to be connected to the political dimension. But basically I am not so interested in dealing with demonstrative political issues in a direct way in contemporary art. My work is more related to the dimension of pure humanity and its affection and contemplation towards mankind rather than revealing political problems. I always hated political attitudes in human behavior, and this idea made me even stay away from political issues, as I simply don't like people who deal with politics whom I often find dishonest. Of course, I don't want to generalize my personal attitude toward politicians, and there are people who sacrifice themselves for this issue with dignity.

commentò che entrambi, la maledizione e il piacere del viaggiare, rendono *leggibili* i luoghi che precedentemente sembravano sconfinati. Ti senti di dire che questo processo è in generale una disillusione o il sovrappagamento dei sogni?

KS: I miei interessi legati al viaggiare sono concentrati sulla mia percezione del mondo e sul suo risveglio, ma non sull'appagamento o il soddisfacimento sentimentale dei sogni, se l'illusione fosse possibile, credo che la disillusione sarebbe la natura dell'incontro.

GM: Nella tua opera *Cities on the Move - 2727 Kilometer Bottari Truck*, avevi caricato un camion pieno di *Bottari* e avevi guidato attraverso la Corea nel 1997. Per la Biennale di Venezia del 1999 avevi fatto un viaggio dalla Corea a Venezia chiamato *d'APERTutto*, or *Bottari Truck in Exile* che era dedicato ai profughi kosovari. Quale ruolo ha la dimensione politica, o più precisamente l'intervento politico, nella tua estetica?

KS: A me interessa molto la condizione umana e la sua realtà. Direi che è inevitabile essere connessi a una dimensione politica, ma fondamentalmente, non sono molto interessata ad affrontare delle questioni politiche in modo diretto nell'arte contemporanea. Il mio lavoro è connesso più alla dimensione, alla contemplazione, e all'affetto dell'umanità pura, piuttosto che alle problematiche politiche. Ho sempre odiato gli atteggiamenti politici nel comportamento umano. La stessa idea mi ha allontanata dalle questioni politiche per il fatto che trovo disonesti coloro che si occupano di politica. Ovviamente, non vorrei generalizzare la mia opinione personale verso i politici, so bene che esistono delle persone che si sacrificano con dignità a questa causa.

GM: L'hai dedicato ai profughi kosovari.

KS: La guerra in Kosovo era ancora in corso durante la Biennale di quell'anno e non potevo fare altro che un progetto che trattasse di questa tragedia, essendo essa così vicina a Venezia. La stessa cosa è successa a una delle mie opere alla Prima Biennale di Kwangju, un lavoro che avevo dedicato al Massacro Kwangju negli anni Ottanta, e poi anche per l'opera al Nagoya City Art Museum, quando il Grande Magazzino Sampoong a Seoul crollando uccise un centinaio di persone che abitavano nel mio quartiere.
La guerra è sempre stata vicino a me fin da quando ero piccola, da quando la mia famiglia abitava vicino alla DMZ. I miei amici e io andavamo in giro nei campi alla ricerca di frammenti dei proiettili e delle mine, con i quali giocare.

GM: Qual è la tua posizione sul tema dei residenti e dello straniero? Oggi ti senti una newyorchese, una coreana in esilio, o una cittadina nomade del mondo? Pensi che il concetto della terra natia continui a essere importante nel descrivere le condizioni contemporanee?

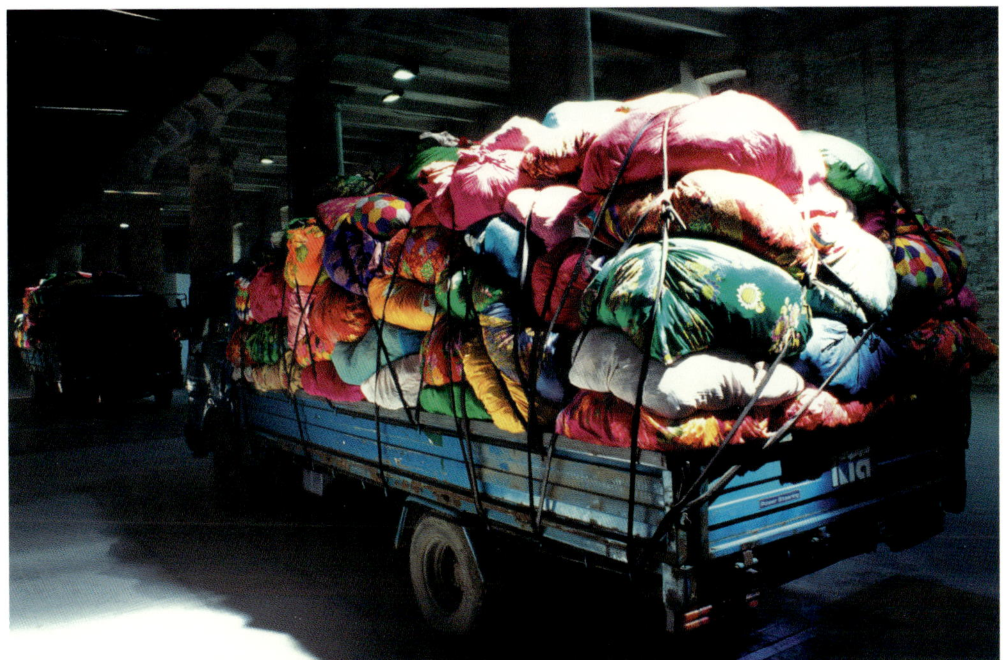

d'APERTutto, or Bottari Truck in Exile, 1999

GM: You dedicated it to Kosovo refugees.

KS: The Kosovo war was still going on near Venice during the Biennale and I simply couldn't do any other project without mentioning this tragedy that is happening next to Venice. The same situation happened to my piece at the First Kwangju Biennale that was dedicated to the Kwangju Massacre in the '80s, and the piece at the Nagoya City Art Museum when the Sampoong Department store building collapsed in Seoul and killed hundreds of people in my neighborhood.

War was always next to me since I was a little girl, since the time when my family lived near the DMZ. My friends and I used to wander around collecting empty bullets and fragments of mines in the fields, and playing with the pieces.

GM: What is your attitude towards the theme of the native and the foreign? Do you feel yourself today to be a New Yorker, a Korean in exile or a nomadic citizen of the world? Do you think that the concept of native homeland continues to have relevance when describing contemporary conditions?

KS: All of them. Homeland exists no more in reality, but only in our memory in this era.

GM: In your work *A Needle Woman* and also in *A Laundry Woman* you present yourself schematically from behind, statue-like and in various milieus and geographical contexts. The global nomad—that generally

KS: Tutti. La terra natia non esiste più nella realtà, ma solo nella nostra memoria di quest'epoca.

GM: Nelle tue opere *A Needle Woman* e *A Laundry Woman* ti presenti in modo schematico, di spalle, come una statua, in ambienti e contesti geografici differenti. Il nomade globale, che solitamente implica un attivismo, è reso immobile mentre il mondo alieno attorno a te continua a muoversi. Come puoi descrivere questo linguaggio di movimento e immobilità?
E quale ruolo ha il concetto zen-buddhista dei Samadhi in questa sede – le idee della contemplazione e armonia che sono spesso usate durante la meditazione?

KS: Niente è immobile... la mobilità è lo stato fondamentale dell'essere attuale. Ogni momento è in vibrazione con il suo ritmo.
È una linea relativamente sottile quella che divide la mobilità e l'immobilità, e questa norma ipotetica funziona solo se ha al suo interno una certa prospettiva. Ho collocato il mio corpo al limite del sottile barometro che separa l'immobilità dalla mobilità. È interessante che la mobilità del mio corpo, che si trova in una strada specifica della città, funziona come un esempio dell'immobilità, mentre la mia decisione istantanea di essere immobile è stata presa durante un breve momento, senza pensarci su, mentre facevo una passeggiata da sola. È il fatto del conflitto energetico della mobilità intensa che interagisce tra elementi diversi, ossia quello del mio corpo e quello del mondo esterno.
Ho sempre voluto mostrare la realtà del mondo più tramite il *fare niente, senza creare qualcosa*, mostrandola così *com'è*, mentre molti artisti provano a dimostrare e creare qualcosa di nuovo facendo o recitando qualcosa.
Non ho mai praticato la meditazione in vita mia, ma trovo che ogni istante sia una meditazione in se stessa per me. Ho raggiunto uno stato mentale simile al Buddhismo Zen unicamente attraverso il mio modo di meditare sulla vita e sull'arte. Questo senza mai riferirmi a un modello o a un testo. Per dieci anni non ho letto neanche un libro; negli ultimi anni Ottanta ho deciso di non leggere più, però di recente ho ripreso a leggere. Non avevo il tempo per seguire le percezioni degli altri e non volevo esserne influenzata. Adesso trovo delle similitudini estreme tra il mio modo di essere ed il Buddhismo Zen.

GM: Nelle tue performance video stai in piedi o distesa – come una statua – con la schiena rivolta verso il pubblico al centro dell'immagine – una presenza schematica e sottilmente delineata. Diventi una forma simile a una struttura portante attirando lo sguardo dell'osservatore verso il centro dell'immagine e poi mettendolo a confronto con uno spazio vuoto. È la tua intenzione di selezionare come tema centrale l'idea del *sé invisibile*, ossia di delineare un'area che deve prima essere riempita dalle vibrazioni di un *élan* vitale al femminile?
Un critico de *The New York Times* percepiva la tua presenza nei video come mitica e melanconica. Ti caratterizzava come uno "spirito perso nella modernità globalizzata". Trovi questa diagnosi pertinente?

implies an activism—is rendered immobile, whereas the surrounding alien world continues to move. How do you define this dialectic of motion and immobility?

And what role does the Zen Buddhist concept of the Samadhi play here—the ideas of contemplation and unity, which are often used in meditation?

KS: Nothing is immobile... and mobility is the fundamental state of existing beings. Any moment is in vibration in its own rhythm.

It is a relatively fine line that divides mobility and immobility, and this hypothetical standard functions only within a certain perspective. I located my body up to the limit of the fine barometer that divides immobility and mobility. It is interesting that the mobility of my body, which locates itself in a specific street of the city, functions as an example of immobility, while my instant decision to be immobile was made in a brief moment, with no reasoning, while walking around by myself. It was made in the midst of the conflict of energy of the intense mobility happening between two different elements: the one that is my body, and the other that is the outer world.

I always wanted to show the reality of the world more by "doing nothing," "without making something" and showing "as it is," while most performers try to show and create something new by doing or acting something.

I've never practiced meditation in my life, but I found every moment for me was a meditation in itself. I reached a similar state of Zen Buddhism completely through my own way of meditation on life and art and its practice, without referring to any model or a text. I haven't even read any books for over a decade, since I decided not to in the late '80s, and I recently started to read again. I had no time to follow others' perception and didn't want to be influenced. Now I find extreme similarities between my practice and Zen Buddhism.

GM: In your video performances you either stand, sit or lie—statue-like—with your back to the audience at the center of the image—a schematic, faintly delineated presence. You become a template-like form drawing the gaze of the observer towards the center of the image and then confront him with an empty space. Is your intention here to select as a central theme the idea of the "invisible self," to delineate an area that must first be filled by the vibrations of a feminine *élan vital*?

A critic for The *New York Times* experienced your presence in the videos as mythical and melancholic. He characterizes you as a "lost soul in a globalized modernity." Do you find this diagnosis appropriate?

KS: I don't think about my gender while I am performing, and my body stays completely in a neutral state during the performance; it only functions as a tool that witnesses the world. Maybe it is the reason the

KS: Non penso al mio sesso mentre sto facendo una performance, il corpo è in uno stato completamente neutrale; funziona solo come strumento che funge da testimonianza al mondo. Forse è per questo che il critico mi caratterizzava come un spirito perso nella modernità globalizzata, in quanto sono l'unica, nella scena sulla strada, che separa il suo corpo dal resto della gente, per guardare il mondo intero, mentre gli altri concentrano i loro sguardi e le loro preoccupazioni su loro stessi. Il pubblico che guarda il video è comunque a una distanza diversa; l'immagine è in una inquadratura costruita, che mostra solo la mia schiena dalla vita in su, e lo sguardo del pubblico sostituisce l'occhio della telecamera.
Non dubito che la mia presenza potrebbe essere intesa come mitica, ma riguardo alla percezione di "melanconico", direi sì, se stare immobile nel mezzo della folla significa essere melanconici. Sono un'azione e una decisione molto provocatorie.

GM: In un certo modo i contesti e gli ambienti hanno un ruolo centrale nelle tue opere. Tu istituisci il partner per il tuo dialogo nello scambio tra l'arte e la vita.
Come scegli questi ambienti? Per esempio, come lavori dentro il contesto specifico che fornisce la Kunsthalle di Vienna?

KS: Ho sempre fatto installazioni legate al contesto, quindi dovevo prendere in considerazione il carattere dello spazio; nel caso della Kunsthalle di Vienna è un eccezionale padiglione di vetro.
Ho trovato il paesaggio urbano attorno alla città di Vienna molto interessante, è un luogo insolito per uno spazio d'arte, così ho deciso di invitare il paesaggio urbano dentro lo spazio, e di riflettere e sovrapporre la mia installazione a questo paesaggio attraverso l'uso del vetro. Ho pensato che l'installazione *A Laundry Woman*, portando alla città un contrasto interessante, potesse andare bene.

GM: L'istallazione *A Laundry Woman* sarà esposta a Vienna, appesa a un filo simile a uno stendibiancheria – un'immagine comune nelle zone del Mediterraneo e nei paesi tropicali, ma a Vienna molto meno usuale. Questo significa forse per te una demarcazione per segnare differenze culturali? Anche l'idea di rendere lo spazio pubblico più intimo attraverso la messa in mostra di capi di vestiario personale?

KS: I panni, e in particolare i copriletti usati, possono essere materiale intimo non solo in quanto cose personale, ma anche in quanto simbolo dell'intimità legata al corpo. Uso questo modo universale di esporre il bucato (anche se sta scomparendo) come la mia dichiarazione sul concetto di vita eterna. Ogni panno steso sulla corda è, per me, una questione importante.

GM: Potresti darmi un'idea ancora più chiara di questo *input* legato alla tua vita privata, alla tua biografia, nei termini del tuo lavoro o in relazione alle tue opere?

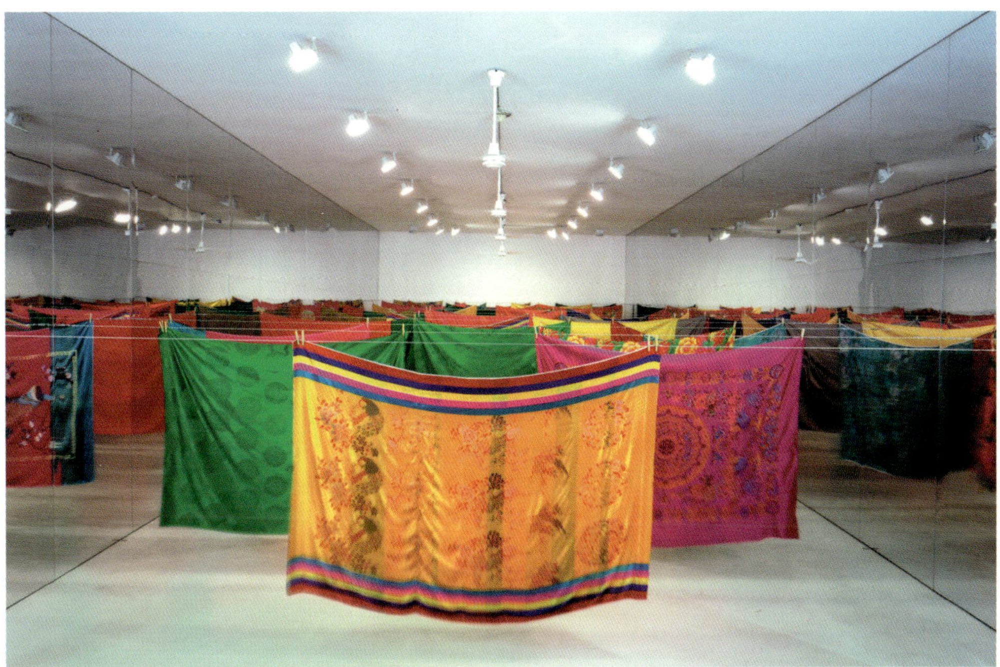

A Mirror Woman, 2002

critic characterizes me as a lost soul in a globalized modernity, as I am the only being in the scene who separates my body from the rest of the people on the street to look at the whole world, while others relate their gaze and concern within themselves. Audiences who see the video have another layer of distance, as the video is in an already edited frame that shows myself only from the back up, and the audience's gaze replaces the camera's eye.

I don't doubt it could be seen as a mythical presence, but regarding his perception of "melancholic," I would say "yes" only if standing still in the middle of a crowd means melancholic. It is a very provocative act and decision.

GM: Contexts/environments play a central role in your work just as, to a certain extent, you form the dialogue partner in the exchange between art and life. How do you select these environments? How, for example, do you work within the specific framework that the Kunsthalle Vienna provides?

KS: Well, I've always been making site-specific installations, so I had to consider the character of the space, which is a unique glass pavilion.

I found the cityscape surrounding Vienna quite interesting, and an unusual place for an art space, so I decided to invite the cityscape into the space, and to reflect and overlap my installation with the cityscape using this glass. I thought the installation *A Laundry Woman* could work quite well, giving an interesting contrast to the city.

KS: Non ho mai parlato della mia vita privata nei miei lavori o nelle interviste rilasciate ma, in realtà, il mio lavoro tratta della mia vita privata, della repressione sessuale, della liberazione, del discernimento e della solidarietà, e della contestualizzazione nell'arte contemporanea.
Mi hai chiesto prima la ragione per cui ho usato solo i copriletti coreani, e se ciò fosse dovuto alla volontà di creare un contrasto culturale e visivo nella società occidentale. Il significato del copriletto, la sua fantasia e il contesto sociale che lo caratterizza è differente tra i coreani e gli occidentali. I copriletti che uso sono stati usati e successivamente abbandonati, oppure confezionati per le coppie appena sposate. Come vedi, i copriletti hanno ricami e disegni con combinazioni di colore opposte e singolari, che stanno a significare lo yin e yang, e rappresentano i simboli dell'amore, della felicità, della ricchezza, della lunga vita e dell'augurio per tanti figli, per la maggior parte dei coreani sono oggetti che li seguono per tutta la vita. Il desiderio per tanti figli maschi è un desiderio tipico della società confuciana.
Uso questi tessuti perchè sono una parte della mia realtà e dell'ambiente sociale ed estetico che ha influenzato la mia vita, mentre i copriletti occidentali per me non hanno molto significato; in più nella società occidentale manca quel senso di pazienza e oppressione della vita privata. Per questa stessa ragione avvolgo i *Bottari* con i copriletti coreani, perché con quegli oggetti so cogliere ed esaminare così tante questioni diverse, e numerosi contesti privati, sociali e culturali. Per me un copriletto è niente più che una cornice attorno ai nostri corpi e alle nostre vite, è il posto fondamentale per un essere umano, è il luogo dove siamo nati, dove amiamo e sogniamo, dove ci riposiamo, soffriamo, e infine moriamo.

GM: Una situazione di lavoro che scegli spesso è l'artista che esegue la sua opera davanti all'occhio indiscreto della videocamera; una situazione comune negli ambienti in cui l'individuo deve riflettere in continuazione sulla sua adeguatezza in un contesto di condizioni mediali avanzate. (Qualcosa che, tramite il genere di video-musica, è diventato una forma sociale, generale di comunicazione). Possiamo interpretare tutto ciò come un progetto di ricerca, in cui la relazione del soggetto, la rappresentazione, e la concentrazione esistenziale sugli ambienti sociali sono sottoposti a un'analisi visiva?

KS: Può darsi. Immergere il mio corpo nella folla in diverse parti del mondo è il modo di chiedere a me stessa (catechismo), ad altri individui in strada – in mondo intimo, ma strano e diretto – e agli spettatori delle installazioni video – in modo molto più neutrale, poichè l'inquadratura filtra il media – di localizzare il corpo del pubblico dietro il mio corpo, in quel momento inquadrato dall'occhio della telecamera.

GM: Sono molti anni che lavori con normali copriletti coreani decorati: tessuti, stampati, cuciti insieme. Questi oggetti sono associati alla sfera femminile in Corea. È stato importante per te, in una società confuciana, profondamente maschilista, mettere questi oggetti al centro della tua arte? Attribuendo così a te stessa una presenza, o comunque un aspetto

GM: The installation *A Laundry Woman* will have wash hanging out on a line in Vienna—a common sight in Mediterranean and tropical countries, and yet in Vienna much less common. Does this concern the demarcation of cultural differences? Perhaps also the idea of making the public space more intimate by means of the public spectacle of personal pieces of clothing?

KS: Laundries, especially hung with used bedcovers, can be very intimate material not only because they are personal items, but also because the bedcover itself is about our body and intimacy. I am using this universal way of doing laundry (though it is disappearing) as my own statement, which has been related to an everlasting subject on life for me. Each piece of laundry hung on the clothesline is a big question for me.

GM: Could you give more of an idea about this input from your private life, your biography, in terms of your work or relation to your work?

KS: I never mention my private life in my work or in interviews, but in fact my work is all about my private life: its sexual suppression and liberation, its insight and sympathy, and its contextualization in contemporary art.

You asked earlier about the reason why I use only Korean bedcovers and if this is to create a cultural and visual contrast in Western society. The meaning of a bedcover, its fantasy and social context, is different between Koreans and Westerners. The bedcovers I use are mostly abandoned used ones, and those that are made for newly married couples. As you can see, these bedcovers have embroideries and patterns with unique opposite color combinations that signify Yin and Yang, and have symbols of love, happiness, wealth, long life and wishes for many sons—which most Koreans wish for and carry on throughout their lives. Wishing for many sons is a typical wish in Confucian society.

I am using these fabrics because these are my own reality [from my own] social and aesthetic environment which influenced my life. But Western bedcovers do not have such diverse meanings in relationship to me, and there's not such a strong suppression and endurance in private life in Western society. It is same reason that I wrap the *Bottari* with Korean bedcovers, as it embraces and questions so many different issues, and has private, social and cultural contexts for me. A bedcover, for me, is nothing but a frame for our bodies and lives, and it is the most fundamental site of a human being: where we are born, love and dream, rest, suffer, and finally, we die there.

GM: A working situation you often choose is the artist performing in front of the desiring video eye: a standard situation in environments in which the individual must continually reflect on his or her suitability within the framework of advanced media conditions (something that, through music video, has become a general social form of communication). Could we interpret this as an investigative project in which the relationship of the

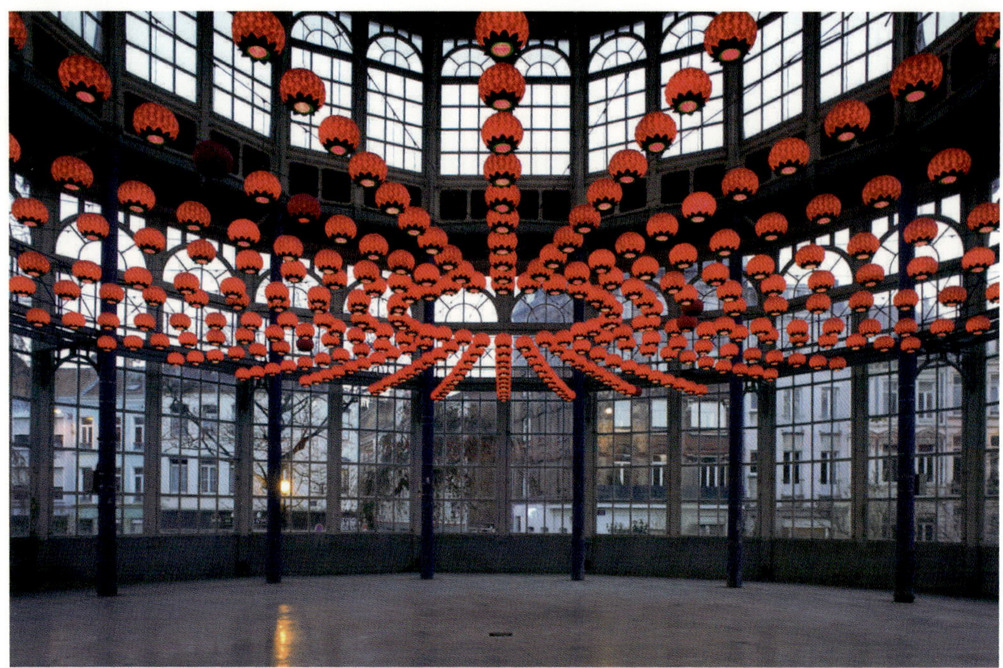

Lotus: Zone of Zero, 2003

che di solito non hai in un contesto quotidiano? Facendo così e portando il lavoro fuori dalla sfera femminile, o comunque fuori dal domestico, lo collochi in qualche modo su un livello completamente diverso; questa sembra essere una strategia di emancipazione.

KS: È vero. Cucire, avvolgere, fare il bucato, pulire la casa, apparecchiare la tavola, cucinare... queste sono attività domestiche tradizionalmente femminili e non considerate mai come attività importanti o significative dell'Arte. Trovo che siano alcune delle attività fondamentali e più sorprendenti in relazione ai valori estetici, culturali, sociali, e psicologici, dei quali la maggior parte della gente non è consapevole, e di cui gli storici d'arte non parlano. Non fraintendermi, non faccio tutto questo come "artista femminista", sono interessata alla totalità della percezione e alla sua realizzazione.
Le attività domestiche delle donne comprendono anche la pittura, la scultura, l'installazione e la performance, ed è possibile analizzare ognuna di queste attività nel contesto dell'arte contemporanea. Provo a creare ed espandere il mio concetto di attività quotidiana delle donne nel contesto dell'arte contemporanea, come per ogni attività quotidiana. Ho scoperto il metodo del "cucire" mentre cercavo qualcuno che mi potesse dare aiuto nell'esprimere la mia visione strutturale del mondo negli anni Ottanta (la struttura delle superfici, del mondo, e quella della vita), e tramite questa pratica, e con questo sguardo particolare, sono riuscita a estendere la mia visione del mondo, che si risolve con l'essere il comune atto degli esseri umani. Così i miei vestiti "da cucire" si sono trasformati nel video performance di *A Needle Woman*.

subject—media representation and the existential concentration on the surrounding milieu—is subjected to a visual analysis?

KS: Probably. Locating my body in a crowd in different parts of the world is an act of posing a question (catechism) to myself and to the others who are in the milieus in an intimate but strange and direct way, as well as to the viewers of the videos in the exhibition space in a much more neutral way, through framing and filtering by the media, locating the audience's body behind my body, which was located in the camera's eye.

GM: You have been working with decorated ordinary Korean bedcovers for many years now: sewn together and printed fabrics. It is these objects in Korea that have been allocated to a feminine sphere. Was it important for you, in a male-oriented Confucian society to place these objects at the center of your art, thereby ascribing to yourself an aura-like presence, which you do not have in an everyday context? By doing that and putting it out of the female circle or the household, you put it on a totally different level; in a way it worked like an emancipation strategy.

KS: It is true. Sewing, wrapping, hanging laundry, cleaning house, spreading tablecloths, cooking… these are all domestic female activities that are never considered as meaningful important activities—as high art. I find these activities to be the most amazing fundamental art activities in terms of aesthetic, cultural, social and psychological dimensions, which most people are not aware of, and which art historians do not mention. But please don't misunderstand. I am not doing this as a feminist artist; my interest lies in the totality of perception and its realization.

Women's domestic activities are fully comprised of activities of painting, sculpture, installation and performance, and we can analyze each activity in the contemporary art context. I am trying to create and extend my own concept of women's everyday activities in the contemporary art context by focusing on mundane domestic female activities as well as everyday activities. I found the methodology of "sewing" while I was searching for a methodology that would enable me to express my structural vision of the world in the early '80s (the structure of surface and the world and that of life). By practicing this methodology with this particular gaze, I was able to extend and come back again to a vision of the whole world in which this is a broad, mundane act of a human being. That is how my "sewing" clothes transformed into *A Needle Woman* video performance.

GM: The *bojagi* are commonly made from already used, worn out pieces of material which are sewn together. So biographies, personal life histories, are written into them. A procedure is thus realized in everyday usage that became dominant in Western art during the '90s, namely, in the form of remixing/recycling/sampling. Naturally, although it is not possible to compare the conditions of production and milieus, it is possible to compare the way of processing the material. Also, all of these materials tell at least some stories about the people who used them—

GM: I *bojagi* sono tessuti usati e consunti cuciti insieme. Così le biografie e le storie personali di chi li ha posseduti sono "scritte" nella loro essenza. Nell'Arte occidentale, negli anni Novanta, l'uso del quotidiano, inteso come *recycling*, era dominante. Naturalmente, anche se non è possibile omologare le condizioni di produzione e i luoghi, è possibile confrontare i metodi di lavorazione del tessuto. Anche tutti questi tessuti narrano almeno qualche storia sulle persone che li hanno usati – nell'unire tutte quelle storie una all'altra si riciclano i tessuti che sono già stati usati per una certa funzione, poi per un'altra, ecc. ossia: un compito artistico per raccontare una storia. Ha avuto un ruolo questa similarità nel design dei tuoi modelli? Quando hai iniziato a sentirne gli effetti?

KS: Prima di tutto, devo fare una distinzione chiara tra il mio tessuto da involucro originalmente un "copriletto", non pensato per avvolgere o impacchettare delle cose. Spesso veniva usato durante i traslochi in quanto è il pezzo di tessuto più grande che si trova in casa, ma era fatto in origine per coprire e tenere caldo il corpo. Il bojagi, che è il metodo di cucire con i tessuti avanzati, principalmente riferito come "tessuto involucro coreano", è di solito usato per avvolgere e per coprire del cibo. Il mio copriletto funziona anche come un bojagi, nel senso ampio di un tessuto da involucro. Il termine "bojagi" è usato in Corea per indicare un tessuto da involucro, ma il bojagi non funge da copriletto. Quindi non è il "copriletto" che uso come tessuto da rivestimento.
Come ho detto prima, le mie idee sul riciclare, in particolare a riguardo dei vestiti usati, sono nate nel 1983, quando creai per la prima volta un lavoro di cucito con i vestiti tradizionali coreani di mia nonna, dopo la sua morte. Da allora raccolgo sempre vestiti smessi e li uso per i miei lavori, ma non faccio questo solo per riciclare il tessuto e il materiale, lo faccio per riciclare il nostro corpo e la vita stessa.

GM: In riferimento a ciò, la designer di moda senegalese Oumou Sy, conosciuta per le sue combinazioni eccentriche di stili e di tessuti occidentali e africani, chiama le sue creazioni multicolori *Métis sage*, una combinazione di tutto, che presta poca attenzione alla tradizione e alle origini. Queste idee sono importanti anche per te?

KS: Quello che ho visto nei primi anni della mia carriera erano gli abiti tradizionali coreani smessi di mia nonna, e di mia madre, e dai primi anni Novanta raccolgo anche abiti moderni usati da amici e da persone che conosco. Quindi il tema più importante, per me, non consisteva solo nell'aspetto estetico dei tessuti, ma consisteva anche nel fatto che la fisicità di quelle persone rimanesse negli abiti stessi.
Il primo lavoro di cucito risale al 1983, e lo feci con gli abiti che mia nonna lasciò alla sua morte. Ero così attaccata alla struttura del tessuto e alle sete che lo componevano, che sembrava quasi si trattasse della pelle del suo corpo, con tutti i suoi ricordi e il mio amore per lei. Successivamente ho iniziato a usare abiti di persone sconosciute, oggetti che mantenevano l'odore di quelle persone. Il mio cucire consisteva in un intreccio invisibile di esseri umani e dei loro lutti, il mio interesse estetico

and you put all these stories, in a way, together by linking them and so on. You recycle material that has already been used for certain functions now, for another function, an artistic function to tell a story. Did this similarity play a role in the design of your own types? Did you feel this effect when you started?

KS: First of all, I have to make a clear definition between my wrapping cloths that were originally "bedcovers," which are not supposed to be made to wrap things. People often use it when they move, as it is the biggest cloth they can find in a household, but it is originally made for covering the body to keep warm. *Bojagi*, which is sewing with leftover cloth in the household, mainly called "Korean wrapping cloth," is made as a means of wrapping, and it is used for covering as well, usually for food. My bedcover functions as *bojagi* in the broad meaning of wrapping cloth, as the term "bojagi" is used as a symbol of wrapping cloth in Korea. But *bojagi* doesn't function as a bedcover, so it is not the "bedcover" that I am using as wrapping cloth.

As I mentioned before, my recycling ideas, especially for using used clothes, came to me in 1983, when I first made a sewn work with my grandmother's leftover traditional Korean clothes after she passed away. Since then, I always collected used clothes and used them for my sewn pieces, but this was not just to recycle the material, but to recycle rather our body and life itself.

GM: In this connection the Senegalese fashion designer Oumou Sy, famous for her wild combinations of Western and African styles and materials, calls her globally colored designs *métis sage*, a combination of everything, which pays little attention to tradition and origins. Are such ideas also important for you?

KS: What I saw in my earlier career was used traditional Korean clothes from my grandmother, from my mother, and, since the '90s, I also collected used modern clothes from friends and from unknown people. So the most important issue for me was that the people who used to wear the clothes remained through the physicality of the cloth, not just an aesthetic aspect of the materials.

The first sewn piece I made in 1983 was from my grandmother's remains after she passed away, and I was so much attached to the texture of the cloth and her own woven silk, which seemed to be a skin of her body, that it kept all of her memories and love for her. I expanded my materials later on with unknown people's clothes that always kept human smells, so my sewing practice was in a way an invisible networking of human beings, and their mourning and my aesthetic concern were always parallel to it.

When I ask myself, what in the world did I sew and wrap for over 20 years, I can say now it was the scars, pain, longing, love, passion, tears, parts of my psychology and body, as well as my loneliness, which

era sempre parallelo a questa evocazione.
Quando mi chiedo, che cosa ho cucito e avvolto per vent'anni, posso dire adesso che sono state le cicatrici, il dolore, il desiderio, l'amore, la passione, le lacrime, le parti della mia psiche e del mio corpo – e anche della mia solitudine – che avevano bisogno di essere riattaccate. Penso che la mia compassione per gli altri non sia altro che amore per me stessa.

GM: In Africa, una forma non verbale di comunicazione viene rivelata nel *pattern*, nei colori e nei simboli dei tessuti – una competenza di linguaggio non idiomatica, per così dire. Questi elementi comunicativi, che comprendono combinazioni completamente nuove di disegni e di ricami tradizionali, sono "intessuti" nelle tue metafore?

KS: Assolutamente sì. Come ho detto prima, quei copriletti hanno disegni simbolici e ricami sontuosi, perché sono fatti proprio per gli sposi novelli. Sono rappresentati simboli e metafore di augurio per la loro vita futura, come gli uccelli (in particolare il pavone o la fenice cinese) e le farfalle, insieme ai fiori che significano amore, le tartarughe una lunga vita, i portamonete per la ricchezza, i cervi per molti figli e una famiglia allegra, e anche le parole scritte come *felicità*, *piacere*, *longevità*... in effetti, i tessuti sono pieni dei simboli di desiderio e augurio che ci accompagnano tutta la vita. Tuttavia i tessuti che trovo di solito sono tessuti abbandonati: ciò significa che la coppia li ha gettati via, o che quella coppia non è più insieme.
Con tutti questi simboli trovo sempre dei corpi vuoti che sono stati lasciati indietro, che una volta stavano lì, nelle loro storie e nelle loro memorie.

GM: Nella qualità astratta dei tessuti coreani tradizionali, i critici hanno indicato delle similitudini con Mondrian e con gli espressionisti astratti. Sei d'accordo con questa interpretazione? Giochi con queste somiglianze superficiali o questa è un'interpretazione sbagliata?

KS: Trovo che ci siano molte somiglianze nelle combinazioni cromatiche e nelle strutture formali tra i bojagi coreani e i quadri di Mondrian. Ma i *bojagi* coreani risalgono a 500 anni prima delle opere di Mondrian, la maggior parte furono confezionati da donne coreane anonime, donne che provavano a distrarre i loro pensieri dal dolore, dalla solitudine, dalla sofferenza e dalle loro vite tediose.

GM: Il lavoro tessile implica un'estetica pratica, un contatto diretto e fisico con i materiali, tipico nelle forme d'arte precedenti (scultura/pittura), ma che di recente ha assunto un ruolo molto meno importante. Una parte del tuo lavoro tratta del recupero del materiale così com'è, in un mondo che sta diventando sempre meno fisico? L'*ago* è una metafora preferibile al mouse del computer?

KS: Può darsi di sì, se passa il concetto che il mouse del computer è sostituibile al corpo. Tuttavia il mouse del computer è già una parte del nostro corpo, e so come uno strumento possa sostituire il nostro corpo

needed to be attached. My sympathy towards others is nothing but a self-love, I find.

GM: In Africa, a nonverbal form of communication is unfolded in the pattern, colors and symbols on textiles—a non-idiomatic language competence, so to speak. Are such elements of language/segments of communication "woven" into your pastiches, which include, as they do, completely new combinations of traditional patterns and embroidery?

KS: Absolutely. As I mentioned earlier, these bedcovers have symbolic patterns and rich embroideries; since they are specially made for newly married couples, there are always meaningful symbols and wishes for their lives, such as birds (especially peacocks or the "Chinese Phoenix") and butterflies, together with flowers which signify love, turtles for long life, purses for wealth, deer for many children and family happiness, and there are also written words such as "happiness," "pleasure," "long life"... In fact, the fabrics are full of these life-long wishes we carry on. But the fabrics I find are mostly abandoned ones, which means the couple has thrown it away, or they are not together anymore.

Within all these symbols, I always find the empty bodies that are left, that stay there for a while with their own history and memories.

GM: In the abstract quality of traditional Korean fabrics, critics have pointed out the similarities to Mondrian or the Abstract Expressionists. Would you agree with this, and do you play with these superficial similarities, or would this be a mistaken interpretation?

KS: I find that there are great similarities in the color combinations and formal structure between Korean *bojagi* and Mondrian's painting. But Korean *bojagi* was made 500 years earlier than Mondrian, if we compare the dates, and they are mostly made by anonymous Korean women who are diverting their minds from sorrow, loneliness, their hardship and their tedious lives.

GM: The work with fabrics/textiles/colors implies a hands-on aesthetic, a direct physical contact with materials, which was common in earlier forms of art (sculpture/painting), but which has since assumed a much less significant position. Does one aspect of your work concern the retrieval of the material as such, in a world that is becoming increasingly less material? As a metaphor, is the "needle" preferred to the computer mouse?

KS: One could say yes if one creates a concept in which a computer mouse can replace our body. But the computer mouse is already a part of our body, and I know how a tool can replace our body through my own process of needlework. If the needle can replace my body, as it is a tool that is an extension of my body, then why not a computer mouse?

GM: In this connection the body, or more specifically the disappearance of the body, belongs to one of the central themes of contemporary art. In a

proprio tramite il mio modo di lavorare con l'ago. Se l'ago avesse potuto sostituire il mio corpo, in quanto è uno strumento simile a un'estensione o protesi del nostro corpo, allora perché non il mouse del computer?

GM: In riferimento a ciò, il corpo, o più specificamente la scomparsa del corpo, appartiene a uno dei temi centrali nell'arte contemporanea. Nell'epoca della produzione digitale, il fisico è spesso ridotto a un microelemento della sua presenza materiale; basti pensare alle chat-line, dove delle ombre digitali comunicano tra loro. Il tuo lavoro degli ultimi dieci anni potrebbe essere letto come un tentativo di realizzare e di rendere conscia la labilità del fisico e del viscerale in un'epoca dove il corpo in se stesso sembra scomparire?

KS: La mia scomparsa e smaterializzazione non ha niente a che fare con i problemi digitali globali, ma trattano della mia visione e della mia necessità di essere leggera. Ho lavorato così tanto con il peso dei corpi ed è stato uno sforzo enorme per me. Ho lavorato con quasi una dozzina di tonnellate di vestiti, e questi provenivano da milioni di persone anonime. Avrei voluto pagare un po' del mio karma per liberare me stessa.

A un certo punto mi piacerebbe sparire dal mio pubblico, sulla base di una mia propria decisione artistica. Da anni sto progettando un'opera intitolata *A Disappearing Woman*, comunque, ovviamente, dobbiamo tutti scomparire un giorno.

GM: Sembra che tu sia un mago.

KS: Un mago? Questo è interessante perché uno scrittore coreano-americano di nome Joan Kee mi ha mandato un messaggio in cui sosteneva che si trovavano elementi ipnotici nel mio lavoro. Trovo questa intuizione molto interessante.

GM: Che cosa significa avvolgere degli oggetti, visto che è una pratica del tuo lavoro? L'oggetto dovrebbe scomparire o, attraverso l'invisibilità visiva (i tessuti coprono e contemporaneamente sottolineano le forme), dovrebbe diventare una sorta di aura impregnata di erotismo?

KS: Forse hai ragione. Il motivo per cui chiamo *Deductive Objects* questi lavori è per distinguere tra la "serie cucita" e la "serie oggetto", in relazione al processo. Se per le opere cucite c'era un metodo induttivo per creare una superficie secondaria già definita, le opere-oggetti erano l'opposto. Come dire, esaminare la struttura esistente avvolgendo o coprendo, con un'azione dopo l'altra, ma mantenendo la forma originaria. Per questa ragione ho intitolato le opere di "oggetti" *Deductive Objects*.

GM: Rispetto alla comunicazione con il pubblico, il visitatore può aprire i *Bottari* ed esaminarne il contenuto. Si può considerare una scelta

time of digital production, the physical is often reduced to a trace element of its material presence: think of online chats, in which digital shadows communicate with each other. Could your work over the last ten years be understood as an attempt to make conscious and realize the fleeting nature of the bodily and visceral in an age when the body is itself disappearing?

KS: My disappearance and immaterialization has nothing to do with global digital issues, but comes from my own vision and from my own necessity for being light. I've been dealing so much with the weight of bodies, which was a tremendous heaviness to me. I guess all of the clothes I've been dealing with were at least many dozens of tons, and they are basically from millions of anonymous people. I wish I could have paid some amount of my Karma to liberate myself.

I really wish to disappear from audiences at some point, by my own artistic decision, and I've been planning "A Disappearing Woman" piece for some years—although, of course, we all have to disappear someday.

GM: It sounds like you are a magician.

KS: Magician? It is interesting because one Korean-American writer called Joan Kee sent me a message saying that there's a hypnotic element in my work. I find that a very interesting perception.

GM: What does the wrapping of objects, as something you often work with, signify? Should the object be made to disappear, or, through visible invisibility (the fabric coverings emphasize the contours), should it be especially aura-like and erotically charged?

KS: Maybe you are right. The reason why I call these object works "Deductive Objects" is to make a difference between the sewn series and the object series in terms of its process. If the sewn pieces were an inductive methodology of creating a secondary surface which was already planned in form, the object pieces were the opposite, so to speak, examining the existing structure by wrapping or covering with accumulated actions, but in their original form. That's why I titled the object pieces "Deductive Objects".

GM: As part of your communication with the public, the visitors may open the *bottari* and examine the contents. Is this a conscious attempt to establish a difference with Western reception, where such "interventions" are interpreted as damaging or sacrilegious and, as such, unsanctioned?

KS: I don't particularly allow people to touch the *Bottari* or any other fabric installations, but people just do it anyways, as they are so curious about these colorful Korean tactile materials, and about the contents of the *Bottari*, even though they are installed in museums. Since it was happening all the time, even when there was a guard, I decided to accept that fact and the changes made by the public.

consapevole per stabilire una differenza rispetto alla recezione occidentale, dove questi *interventi* sono interpretati come dannosi e sacrileghi, e come tali disapprovati?

KS: È vietato toccare i *Bottari* o gli altri tessuti delle installazioni, ma molte persone lo fanno lo stesso perchè sono curiose di questi materiali coreani, tattili e colorati, e lo sono anche dei contenuti dei *Bottari* stessi, anche se fanno parte di un'installazione in un museo. Dato che succedeva sempre, anche quando era presente un custode, ho deciso di accettare questo fatto, e di accettare anche i cambiamenti fatti dal pubblico.
Nel 1995, quando ho installato due tonnellate e mezzo di vestiti usati, per la prima Biennale di Kwangju, nei boschi dedicati al massacro Kwangju, quasi una tonnellata di vestiti sono spariti – la mostra è stata aperta per due mesi e durante questo periodo la gente apriva i *Bottari* e prendeva i vestiti usati – così alla fine, con il cambiamento di stagione dall'estate all'autunno, con la pioggia e le impronte dei piedi della gente sui vestiti – l'installazione sembrava quasi una rovina. Ho pensato che a quel punto l'opera era completata.
Trovo che la percezione dell'usato, contrariamente a quanto hai detto tu, sia diversa tra coreani e occidentali, particolarmente per quanto riguarda i vestiti. Tu dici che gli occidentali potrebbero approvare l'intervento da parte del pubblico, ma trovo che gli occidentali hanno maggiore familiarità con gli oggetti usati. Per esempio, comprano e indossano senza esitazione vestiti usati dati da persone sconosciute (penso che questa sia la ragione della grande quantità di mercati di oggetti di seconda mano nei paesi occidentali), ma i coreani credono che lo spirito della persona che indossava i vestiti rimanga dentro, quindi sono riluttanti a indossare i vestiti di uno sconosciuto. La nostra tradizione è di bruciare i vestiti delle persone quando muoiono e crediamo che così il corpo e lo spirito vengano spediti in paradiso.

GM: Se non mi sbaglio, durante le tue video performance permetti la partecipazione da parte del pubblico, non è vero? E hai dato il nome di *A Needle Woman,* e non *The Needle Woman*, alla tua ultima opera. La tua scelta dell'articolo indefinito indica una certa qualità indeterminata e, allo stesso tempo, una lontananza dall'individualità ben definita a favore di una collettività immaginaria. Tramite la concentrazione della tua sensibilità artistica diresti che la tua intenzione è di tematizzare le specificità della donna coreana in generale?

KS: Assolutamente no. Forse volevo nascondere solo me stessa. Il titolo *A Needle Woman* non ha niente a che fare con un'enfasi sulla donna, bensì con un modo di descrivere me stessa come una persona che non può essere chiamata uomo. Quando creo un'identità indefinita per la mia presenza come *A Needle Woman* significa che quella può essere una qualsiasi persona: un'icona neutrale e inspiegabile. Dunque una spiegazione della mia presenza non è necessaria. Volevo tenere una distanza tra me stessa e l'interprete nel video, che viene vista come me

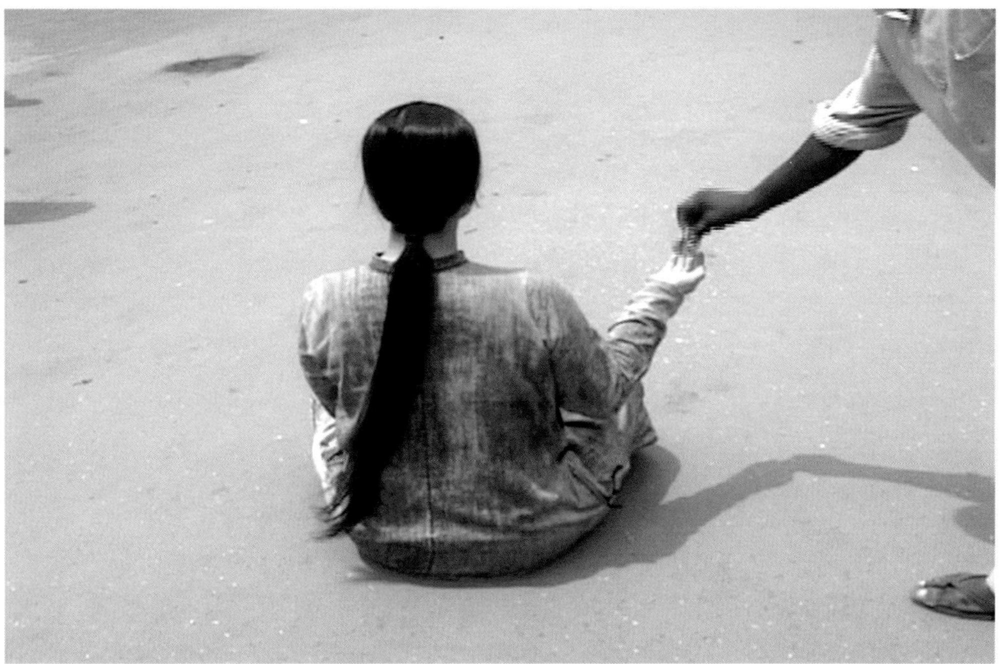

A Beggar Woman – Lagos, 2001

In 1995 for the First Kwangju Biennale, when I installed two and a half tons of used clothes in an outdoor woods that had been dedicated to the Kwangju Massacre, almost one ton of the clothes disappeared—the show went on for two months, and during this period people opened the *Bottari* and took the used clothing—so at the end, with the change of the season from summer into fall, with rain and people's foot steps on the clothes, it looked almost like a ruin. And I thought that at that point the piece was done.

I find the perception of used items, on the contrary to what you mention, is different from Koreans and Westerners, especially for used clothes. You say Western people might find audiences' intervention as sanctioned, but I find Westerners are more familiar with used items. For example, they buy and wear used clothes worn by unknown people without hesitation (I guess that's why there's so many second-hand markets in Western countries), but Koreans believe that the spirit of the person who used to wear the clothes remains in it, so they are resistant to wearing an unknown person's clothes. We have a tradition to burn a person's clothes when they die, and believe the person's body and soul is sent to the heaven.

GM: Also, in your video performances, you allow people to take part in it, correct? And you have named your current work cycle *A Needle Woman* and not "The Needle Woman." The choice of the indefinite article implies a certain indeterminate quality while, at the same time, a drifting away from a sharply defined individuality to an imaginary collective. Through the focus of your artistic sensibility, would you say your intention is to thematize the specificities of the Korean woman in general?

stessa più avanti, ma non volevo accendere delle questioni sulle donne coreane. Non c'è nulla che dica che sono una donna coreana in quel video, non indosso neppure un abito coreano.

GM: Il tuo lavoro è spesso esaminato in un contesto di femminismo occidentale differenziato. Sarebbe una base teorica adatta o qui manca l'oggetto, cioè, il ruolo dell'artista donna nella società contemporanea coreana?

KS: Come dicevo prima, da quando ho iniziato la mia carriera ho sempre rifiutato di essere indicata come una femminista. Lo accetto solo nel senso che il femminismo è umanismo. Certamente il ruolo della donna nella società contemporanea coreana è molto importante, e abbiamo diritto a essere trattate ugualmente e senza pregiudizi; il movimento per i diritti della donna nella nostra società dovrebbe continuare a battersi. Ma la mia filosofia e il mio obiettivo artistico è di raggiungere la totalità che assorbe e unisce i problemi del mondo.

GM: Quando ti sei considerata, per la prima volta, un'artista? Quando hai pensato di voler essere un'artista, o di studiare arte?

KS: Quando avevo undici anni, la mia insegnate di scuola elementare ci chiese di scrivere due lavori o professioni che desideravamo fare nel futuro. Ho scritto "una pittrice" e "una filosofa". La mia passione per l'arte diventò così forte durante gli anni del liceo che quasi lasciai la scuola per diventare un'artista. Allo stesso tempo avevo un forte conflitto tra il desiderio di essere artista o una persona religiosa, per esempio, una suora cattolica, o qualcuno che dedica la sua vita alle persone bisognose. Mi sentii un'artista per la prima volta all'età di tredici anni, alla scuola media, quando decisi di non prender parte ai concorsi d'arte che davano dei premi che potevo vincere facilmente. Era una procedura normale per gli studenti che volevano diventare artisti, o che comunque volevano andare all'università nella società coreana.

GM: Hai cominciato come pittrice. Adesso lavori esclusivamente con installazioni e video: questo ha qualcosa a che fare con il passo dalla bidimensionalità alla tridimensionalità, con il movimento opposto all'immobilità? O la pittura era semplicemente troppo lontana dalle realtà della vita? Adesso includi anche una dimensione acustica al tuo lavoro.

KS: Ho cominciato a interessarmi al lavoro acustico nel 1992, e dal 1994 uso un elemento sonoro nei miei video e nelle mie installazioni. Usavo la musica popolare e il canto gregoriano, e di recente sto creando anche dei pezzi singoli che vorrei sviluppare maggiormente.
Il fatto che la mia visione dello spazio e del tempo cambi in continuazione mi ha aiutato ad aprire nuovi orizzonti, ma seguo solo la logica della mia sensibilità e ispirazione per farmi guidare nel prendere delle decisioni artistiche. Il modo con cui da una parte sviluppo le mie idee da un palcoscenico bidimensionale a uno tridimensionale, e poi al

KS: Not at all. But maybe I wanted to hide myself... The title *A Needle Woman* has nothing to do with emphasizing women, but is to describe myself as a person who cannot be named as a man. When I make an indefinite identity for my presence as *A Needle Woman*, it means it can be anybody, like an inexplicable neutral icon, and it's not necessary to define my presence. I wanted to keep a distance between myself and the performer who is in the video, and who will be seen to be myself later on, but not to imply any Korean women issues. There is no evidence that I am a Korean woman in that video, and I don't even wear a Korean dress.

GM: Your work is often discussed within the framework of a differentiated Western feminism. Would this be an appropriate theoretical foundation or is it lacking its object, namely, the role of the female artist in contemporary Korean society?

KS: As I mentioned earlier, I've been denying being called a Feminist ever since I started my career. I would accept it only in the sense that Feminism is about Humanism. Of course a woman's role in contemporary Korean society is so important and we have to be treated equally with no prejudice, and the movement for women's rights should be continued in our society. But my philosophical and artistic aim is to achieve the totality that absorbs and unites the questions of the world.

GM: When did you initially envision yourself to be an artist? When did you first think you wanted to be an artist—or to study art?

KS: When I was 11 years old, my homeroom teacher at elementary school asked us to write two different occupations we would want to be in the future. I wrote "painter" and "philosopher." My passion for art was so strong when I was in high school that I was almost trying to quit the school to be just an artist. At the same time I had a strong conflict between the desire to be an artist and to be a religious person—for example, a Catholic sister, or someone who devotes her life to people in need. The time I felt I was already an artist was when I was 13 years old, in middle school, when I decided not to participate in any art competition that gives a prize, which I could win easily and was a common process for students who want to be an artist, or to go to college in Korean society.

GM: You first began as a painter. You now work exclusively with installations and moving pictures: Does this have to do with the step from the two-dimensional to the three-dimensional, with the aspect of motion as opposed to immobility? Or was painting simply too far away from the realities of life? Now you add an acoustic dimension in your work.

KS: I have been interested in sound pieces since 1992, and I have been using an acoustic element in my videos and installations since 1994. I used to use popular music and monk chanting, and I've been also making single sound pieces that I would like to develop more.

video, che mi permette di lavorare con il tempo e lo spazio, è nato dal mio concetto di cucire, avvolgere e spacchettare. Penso che *Nature of Sewing and Wrapping* aveva già tutti gli elementi per aprire le proprie dimensioni al tempo, per così dire, esisteva già.

GM: Oggi *dipingi* con un pennello *ampio*: un ago metaforico che cuce insieme il tessuto, le tecniche, le culture e le epoche e, nella forma di un ampio bricolage, crea in continuazione delle nuove combinazioni di connessioni tra gli oggetti?

KS: In relazione alla metodologia, sì.

GM: Se qualcuno ti chiedesse di fare un nuovo lavoro e ti offrisse un milione di dollari, cosa faresti?

KS: Farei dono dei soldi ai bambini poveri del mondo, che soffrono di carestie e di dolore.

GM: Allora daresti i soldi ai bambini e non li useresti per il tuo lavoro?

KS: Questo è il mio lavoro.

GM: In quale modo hai cambiato il tuo atteggiamento verso i media in questi anni? Una volta i televisori erano gli elementi integranti delle installazioni – in qualche modo, *Bottari* del televisore. Oggi, per esempio, in *A Laundry Woman*, il video viene usato solo nella sua funzione di conservare o registrare dei materiali, cioè quelli ex-territorializzati. Dall'altro lato, i lavori silenziosi precedenti hanno adesso una dimensione acustica. Questi cambiamenti di possibili tecniche sono decisioni intuitive o priorità estetiche deliberate?

KS: Benché ci siano momenti in cui considero gli aspetti estetici e logistici del mio lavoro, prendo sempre le mie decisioni artistiche in un momento intuitivo e istantaneo. Penso che il momento in cui si prende una decisione artistica è simile a uno stato Zen che trasforma il mondo intero in un'altra dimensione.
Ovviamente, ho cominciato a lavorare con il video considerandolo come *immagine di Bottari* o *immagine avvolta* per mostrare il mio concetto di *avvolgere*. Non mi curavo di creare delle immagini quando iniziai a lavorare con il video nel 1994, quindi la mia intenzione di usare quella tecnica era completamente diversa dalle intenzioni di altri artisti che lavoravano con il video.

GM: Eri – o sei – interessata alla filosofia occidentale, o europea? Quali sono i filosofi che ti interessano particolarmente?

KS: Fino alla fine degli anni Ottanta, mi interessavo di Strutturalismo, in quanto ero concentrata sulla struttura di base del mondo, e quindi mi interessavo all'approccio linguistico di Wittgenstein, alla ricerca di Lévi-

Always changing my vision on space and time has enabled me to open up a new horizon, but I only followed the logic of my sensibility and inspiration to lead me to make artistic decisions. The way I develop my ideas from a two-dimensional stage into three-dimensional, and then to video, which allowed me to deal with time and space, originated from my concept of sewing, wrapping and unwrapping. I think "Nature of Sewing and Wrapping" already had elements of opening new dimensions to time, so to speak; it was already there.

GM: Do you "paint" today with an "extended" brush—a metaphorical needle that sews together the material, mediums, cultures and epochs and, in the form of an extended bricolage, creates continually new combinations of object connections?

KS: In terms of methodology, yes.

GM: If someone asked you if they could commission you to do a new work, and gave you one million dollars to do it, what would you do?

KS: I would donate the money to support children in famine and pain in this world.

GM: So you would give the money to those children? You wouldn't use it for your work?

KS: It is my work.

GM: In what way would you say your attitude to the media has changed over the years? TVs used to be integral elements of installations—in some senses, television *Bottari*. Today for example, in *A Laundry Woman*, video is only used in its function as conserving or recording material, namely ex-territorialized. On the other hand, the earlier silent works now have an acoustic dimension. Are these changes in the use of media possibilities intuitive decisions or conscious aesthetic priorities?

KS: Although there are moments where I consider aesthetic and logistical aspects of the work, my artistic decisions are always made at an intuitive and instant moment. I think the moment of making an artistic decision is similar to the state of "Zen" which transforms the whole world into another dimension.

Of course, I started video works considering video as an "image bottari" or a "wrapped image" to show my concept of "wrapping." I wasn't as interested in creating images when I first started video in 1994, so my intention to use video was completely different from other video artists.

GM: Were you—or are you—interested in Western or European philosophy? And are there any philosophers you are especially interested in?

Strauss sugli esempi e le strutture culturali e geografiche, alla struttura psicologica di C.G. Jung, e anche a Heidegger in rapporto ai soggetti esistenziali. Adesso trovo al quanto simili i loro pensieri con il Buddhismo Zen, che in quel periodo non conoscevo a fondo. Così in quel periodo l'interesse verso il pensiero occidentale scemò. Questo perché decisi di non leggere più libri o comunque informazioni (dagli ultimi anni Ottanta). E infatti non lessi libri per più di dieci anni. Non volevo essere influenzata da informazioni esteriori, e non avevo inoltre il tempo di seguire i pensieri degli altri. Recentemente ho ricominciato a leggere libri. Ero certamente consapevole del de-strutturalismo, ed ero anche consapevole dei temi di attualità – sebbene non leggessi nulla sulle teorie – ma è logico che quest'idea viene dopo lo strutturalismo.

GM: Qual è l'ultimo libro che hai letto?

KS: Ho letto un libro intitolato *Western Philosophy and Zen Buddhism* di John Stephanie, un confronto tra il Buddhismo Zen e la filosofia occidentale, e l'ho trovato molto interessante. Non avevo mai letto un libro che paragonava letteralmente, parola per parola, il Buddhismo Zen e la filosofia occidentale, le loro differenze e le loro somiglianze. Penso che questo tema meriti più ricerca e debba essere sviluppato più in profondità, in quanto esiste un'enorme distanza tra i pensieri e i metodi occidentali rispetto a quelli orientali.

GM: Mi hai detto che quando eri piccola la tua insegnante di scuola elementare ti chiese che cosa avresti voluto essere, e tu risposi, "una pittrice o una filosofa". Se ti chiedesse oggi che cosa vorresti essere, quale sarebbe la tua risposta?

KS: Un amante, o un monaco.

GM: Grazie.

Gerald Matt ha studiato legge, economia e storia dell'arte. Dal 1996 è Direttore generale della Kunsthalle di Vienna. Quest'intervista è stata pubblicata per la prima volta nel catalogo della mostra personale di Kimsooja *A Laundry Woman* nella Kunstalle di Vienna nel 2002.

KS: Until around the late ’80s I was interested in structuralism; I was focused on the fundamental structure of the world, so I was interested in Wittgenstein’s linguistic approach, Levi Strauss’s research on cultural and geographical examples and structure, C.G. Jung’s psychological structure, and I was also interested in Heidegger, in relation to existential subjects… and now I find how similar their thoughts were in relationship to Zen Buddhism, which I had no concrete idea about at the time. So my interests in Western thought actually stopped at that period, as I decided not to read books and information (since the late ’80s) and I haven’t read books for over a decade. I didn’t want to be influenced by outer information, and also I had no time to follow other’s thoughts. I recently started reading books again. I was, of course, aware of destructuralism, and being aware of recent issues—although I haven’t read about the theories—it is logical to develop this idea following structuralism.

GM: What was the last book you read?

KS: I read a book called *Western Philosophy and Zen Buddhism* by John Stephanie, a comparison between Zen Buddhism and Western philosophy, and I find it very interesting. I’d never read any book that compared literally, word-for-word, Zen Buddhism with Western philosophy, their differences and their similarities. But I think this issue should be researched and developed much further, as there’s a huge gap between Western and Asian thoughts and methodology.

GM: So, you told me when you were young you were asked what you wanted to be and you said, “a painter or a philosopher.” If one were to ask you today what you want to be, what would you answer?

KS: A lover, or a monk.

GM: Thank you.

Gerald Matt studied law, business management and art history. Since 1996 he has been general director of Kunsthalle Wien. His interview with Kimsooja was first published in Kunstalle Wien’s 2002 exhibition catalogue *A Laundry Woman*.

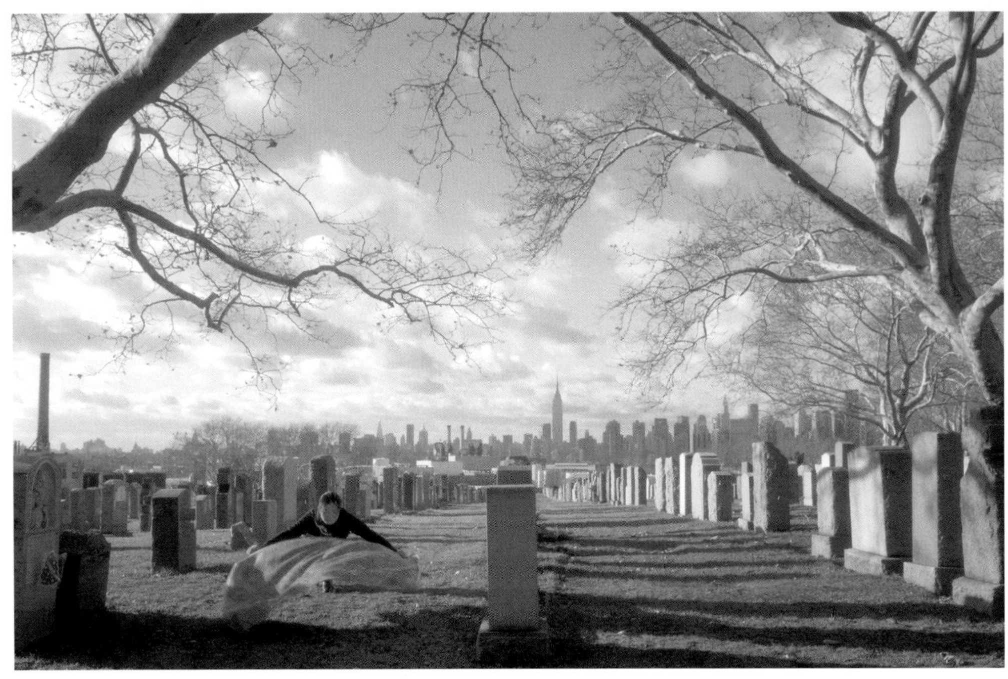

Epitaph, 2002

Condizioni di anonimato

Jonathan Goodman

Nell'arte di Kimsooja, nata in Corea e residente a New York, si osserva un'intera carriera costruita sulla nozione di anonimo, ossia la metafora del desiderio di unirsi alle forze e alle circostanze che spesso agiscono contro l'affermazione esplicita del sé. L'arte di Kimsooja capovolge le aspettative per abbracciare il mondo. La sua rappresentazione dell'io è contemporaneamente conflittuale e acquiescente, destinata e voluta. Le sue azioni apparentemente anonime sono di grande pregnanza e di alta forza comunicativa, e non hanno un gran valore trasgressivo in quanto sono dei semplici riconoscimenti del fato. Può essere, molto probabilmente, che le circostanze alle quali Kimsooja si rivolge, presentate come contrasti, sono proprio quelle di cui l'io ha bisogno per definirsi – nello stesso modo in cui il tutto definisce la parte. Kimsooja è sola, senza nome, nella sua lotta per sforzarsi di raggiungere una consapevolezza consolidata, le cui definizioni possono essere considerate buddhiste nel loro fluire incontrastato. Nelle elaborazioni della sua anonimia, dunque, Kimsooja presenta una sensibilità intensamente consapevole delle preoccupanti contraddizioni tra il desiderio per un'eliminazione dell'io e quel genere di risoluzione, necessaria per affrontare l'ambiente contro cui lei lotta silenziosamente, e allo stesso tempo lo fa così eloquentemente.

Quando, nella rappresentazione di *A Needle Woman* (1999-2001), Kimsooja sta in piedi contro ondate di passanti giapponesi lungo una

Conditions of Anonymity

Jonathan Goodman

In the art of Korean-born, New York-based Kimsooja, we see an entire career built upon the notion of the anonymous as a metaphor for the wish to merge with forces and circumstances usually acting against the forthright assertion of self. Kimsooja's art inverts expectations as a way of embracing the world. Her performance of self is at once oppositional and acquiescent, fated and willed. There is a tremendous strength and assertion in her apparently anonymous actions, which are not so much transgressions as they are recognitions of fate. It may well be that the very circumstances Kimsooja addresses, presented as oppositions, are what the self needs to define itself—in much the same way that the whole defines the part. Kimsooja stands alone, unnamed, in her struggle to achieve a consolidated awareness, whose definitions may be seen as Buddhist in their unboundaried flow. In the elaborations of her anonymity, then, Kimsooja presents a sensibility acutely aware of the warring contradictions between her desire for an erasure of self and the kind of resolve necessary to confront the environment she so eloquently, albeit silently, strives against.

When, in the performance *A Needle Woman* (1999–2001), Kimsooja stands against waves of Japanese passersby on a street in Shibuya, Tokyo, her pose begins as antithesis but becomes, over time, a wordless affirmation of human resilience, even of individual worth, despite the conditions of anonymity she imposes upon herself. In a remarkable transformation of value, her actions quite literally embody the progress of a self that is increasingly cognizant of its mortal limits—it is as though Kimsooja is mourning death, which is always ahead of its time. Yet the overall thrust of her vision is far from dark or macabre; her art demonstrates a knowing perception of life's circumstances that is by implication assenting, and her engagement with different cultures—Kimsooja has performed *A Needle Woman* in eight cities throughout the world (in order: Tokyo, Shanghai, Delhi, New York, Mexico City, Cairo, Lagos, and London)—amounts to an affirmation of existence no matter what the environment.

Kimsooja's development as an artist has been steady and assured. Born in 1957 in Taegu, Korea, she studied painting at Hong-Ik University in Seoul, where she completed graduate school in 1984. She spent half a year in France, on a grant from the French government. In 1992–93, Kimsooja came to New York as an artist-in-residence at the P.S.1 Contemporary Art Center. Deciding on cultural exile, Kimsooja again returned to New York in 1998; this move marked her permanent stay in America, where she has received more and more recognition, becoming an artist of international reputation. Although Kimsooja did not continue painting, she remains interested in investigating the issue of surface, an

strada di Shibuya, a Tokyo, la sua posa inizia come un'antitesi, ma diventa poco dopo una muta affermazione della capacità di recupero, sia umana in generale, che persino del valore dell'individuo, malgrado le condizioni di anonimia che ella impone a se stessa. In una notevole trasformazione di valore, le sue azioni incarnano letteralmente il progresso di un io sempre più cosciente dei propri limiti mortali – come se Kimsooja si struggesse pensando alla morte, che ci coglie sempre in anticipo sul tempo. Eppure il significato della sua visione è ben lungi dall'essere macabro; la sua arte dimostra una percezione sensibile delle circostanze della vita, e il suo impegno con culture diverse – Kimsooja ha eseguito *A Needle Woman* in otto città diverse nel mondo (nell'ordine: Tokyo, Shanghai, Delhi, New York, Città di Messico, Cairo, Lagos e Londra) – costruisce un'affermazione di esistenza, qualunque sia l'ambiente circostante.

La ricerca artistica di Kimsooja si è sviluppata in modo solido e sicuro. È nata nel 1957 a Taegu, in Corea, e ha studiato pittura all'università di Hong-Ik a Seoul, dove si è laureata nel 1984. Dopo gli studi ha trascorso sei mesi in Francia, grazie a una borsa di studio del governo francese. Negli anni 1992 e 1993, Kimsooja ha lavorato a New York come artist-in-residence al centro d'arte contemporanea P.S.1. Con un tema sull'esilio culturale, Kimsooja è ritornata a New York nel 1998; questo evento ha segnato la sua permanenza stabile negli Stati Uniti, dove la sua fama di artista a livello internazionale è andata crescendo sempre di più. Sebbene Kimsooja non abbia lavorato a lungo come pittrice, i temi che riguardano la superficie sono l'attività che ha portato e ancora porta avanti dall'inizio della sua carriera. Infatti, lei stessa commenta: "La mia ricerca [sulla superficie], insieme con la volontà verso la libertà artistica, mi hanno consentito di aprire nuovi orizzonti nella mia arte". Questo cambio di espressione è avvenuto velocemente; già nel 1983, mentre studiava ancora all'università, Kimsooja "ha sviluppato la metodologia del cucire come un modo per investigare l'arte e la vita [mentre cucivo un copriletto tradizionale nel 1983]". Ha deciso di utilizzare il tessuto nella vita quotidiana come un nuovo tipo di tela. Ma l'azione del cucire era anche un fatto personale, un evento connesso al lutto: "La prima volta che ho provato a cucire vestiti di seconda mano è stato con i resti dei vestiti di mia nonna, lasciati dopo la sua morte avvenuta l'anno precedente".

Ai suoi inizi come pittrice, investigando la superficie della sua tela, sentiva davanti a sé come "un muro e una barriera che gli artisti vogliono superare". Nell'arco di dieci anni riesce a sviluppare i suoi stilemi incorporando mezzi e strategie diverse – video e rappresentazioni (performance) – nei quali l'enfasi si sposta dalla trattazione di una superficie verso il suo consolidato linguaggio, quello dei pacchi di vestiti e di biancheria di seconda mano: un fastello di immagini. I cambiamenti osservati nella sua arte ricorrevano all'utilizzo sempre più emblematico dei materiali; quando le viene chiesto perché utilizza dei copriletti, lei risponde così: "Il copriletto è un luogo simbolico. È il luogo in cui si nasce, si riposa, si fa l'amore, dove si sogna, dove si soffre e, infine, dove si muore. Con esso si mantengono in vita le memorie del corpo, che risultano

activity she has continued throughout her career. Indeed, Kimsooja comments, "This pursuit [of the surface], along with my will towards artistic freedom, enabled me to open up new horizons in my art." The change in expression came quickly to Kimsooja; sewing a traditional bedspread while still in graduate school in 1983, she first "discovered the methodology of sewing as a means of questioning art and life." Kimsooja made the decision to use fabric in daily life as a new kind of canvas. But the act of sewing was also personal, being tied to mourning: "My first attempt at sewing used clothes was done with the remains of my grandmother's clothing, left behind after her death a year before."

Kimsooja began as a painter who questioned the surface of her canvas, seeing it as "a wall and barrier that painters wish to overcome." Over the course of a decade, she incorporated different media and strategies—videos and performances—in which the emphasis shifted from a treatment of surface to her now recognized language of wrapped used clothes and bedding: an image bundle. The changes in her art revolved around an increasingly emblematic use of materials; when asked why she makes use of bedcovers, Kimsooja replies: "The bedcover is a symbolic site. It is where we are born, where we rest and love, where we dream and suffer and finally die. It keeps memories of the body alive, which result in another dimension." Now that she is concentrating on the world of performance and video, Kimsooja has turned toward an increasingly allegorical reading of her environment, in which her life and actions function as an existence representative of ours. The human condition is taken up as essentially anonymous because Kimsooja comprehends that all of us share the recognition that our actions reveal a deep-seated isolation, as well as an unconscious awareness that behavior takes on paradigmatic meaning in the face of our limited span of time. In Kimsooja's art our understanding of death becomes enlightened by her mediation as an individual toward her audience; her actions resonate because they enter into an existential dialogue with their viewers, replete with the high moral seriousness the presence of death inevitably calls to mind.

A Needle Woman enacts the isolation we all feel by offering a resonant silence, contemplational in nature, in the midst of the crowd. Kimsooja, who is not a practicing Buddhist, nevertheless sees Zen Buddhist affinities in her recent performances. Her art is suggestive of the meditational mind in the encompassing awareness of its practice. She disavows her sense of herself in favor of a stance that heals and binds by taking in the energy, or noise, of the world. As Kimsooja herself has said, "After a decade of sewing practice [since 1983], I came to see myself as a needle weaving the fabric of nature."

The artist intends to bring together disparate parts of the real as an act of selflessness represented by the precise metaphor of needle and silk. Her silent, even prayerful, interactions with the amused, bemused crowds in eight cities show a tenacity of purpose as well as a self that is

appartenere a un'altra dimensione". Al momento Kimsooja si concentra sul mondo della performance e del video, in questo modo lei si dirige verso una lettura sempre più allegorica del suo ambiente, nel quale la sua vita e le sue azioni fungono come un riferimento alla nostra esistenza. La condizione umana è intesa in modo essenzialmente anonimo, da una parte Kimsooja vuol dirci che tutti noi condividiamo l'isolamento radicato che le nostre vite rivelano, dall'altra ci segnala la consapevolezza inconscia che il nostro modo di comportarsi assume un significato paradigmatico rispetto al tempo limitato che abbiamo da vivere. Nell'arte di Kimsooja la nostra comprensione della morte viene espressa dalla sua mediazione come individuo verso il suo pubblico; le sue azioni risuonano perché entrano in un dialogo esistenziale con l'osservatore, pervase da quella serietà che la presenza della morte richiama alla memoria.

A Needle Woman rappresenta il senso comune di isolamento, offrendo un silenzio risonante, contemplativo della natura, in mezzo alla folla. L'artista, che non è una buddhista praticante, nelle sue recenti performance tuttavia ci suggerisce delle affinità buddhiste zen. La sua arte evoca la mente meditativa, nella consapevolezza del suo raccoglimento in essa. Lei nega il suo senso di io a favore di una posizione che possa guarire, e unisce raccogliendo l'energia, o il rumore, del mondo. Come osserva Kimsooja: "Dopo un decennio di attività di cucito [dal 1983], sono arrivata a vedere me stessa come un ago che intreccia il tessuto della natura".

L'artista si propone di unire le parti disparate del reale compiendo un'azione di altruismo, rappresentata dalla metafora precisa dell'ago e della seta. Le interazioni silenziose e devote, con la gente divertita e perplessa in otto città diverse, dimostrano una grande tenacia e un'io volutamente annullato, atto a cogliere e a proteggere le varie reazioni che generano la sua immobilità e la sua calma. Il video testimonia le sue attività, creando un archivio di interazioni. È interessante notare cosa Kimsooja vede nell'uso del video, la tecnica che attesta le sue attività in luoghi diversi in modo metaforico: "Un altro incontro ha luogo quando il pubblico guarda il video che è in realtà il risultato della mia performance. Il mio corpo funziona come un barometro, come un ago che collega persone di uno spazio e di un tempo diversi". Con questo lei intende enfatizzare i legami che uniscono le persone, spegnendo, per la durata della performance, l'illusione che l'io sia primario.

Il viaggio epico che ha fatto Kimsooja nel novembre del 1997, *Cities on the Move - 2727 Kilometer Bottari Truck*, durato ben undici giorni, rievocava i luoghi della sua memoria; lei ha viaggiato attraverso le diverse città e i paesi dove aveva abitato un tempo, portando dei *Bottari* colorati su un camion. Kimsooja considera la performance come "una scultura sociale, carica di memoria e storia, capace di localizzare e poi equiparare lo spazio fisico e mentale". Il video testimonia il passaggio di Kimsooja nelle montagne di Taebek in Corea, e presenta in modo commovente i bagagli che lei porta con sé, tentando di affrontare il suo passato. La performance presenta i suoi viaggi come metafora del racconto della nostra esistenza;

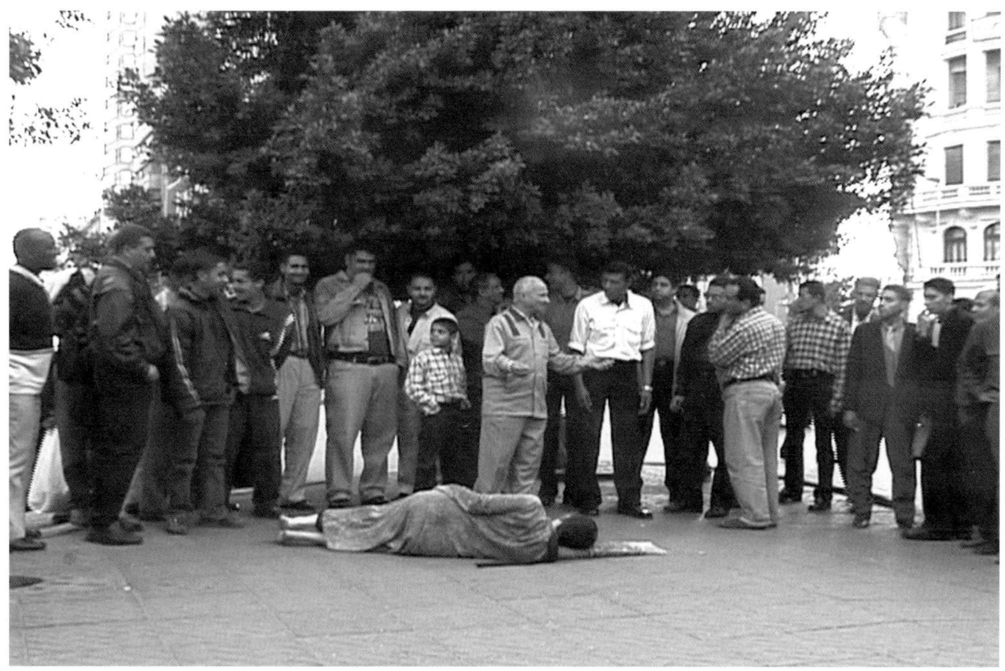

A Homeless Woman – Cairo, 2001

deliberately obliterated so as to take in, out of harm's way, the various responses her stillness and silence create. Video witnesses her activities, creating an archive of interactions. Interestingly, Kimsooja sees the use of video, which documents her activities in different places, metaphorically as well: "Another encounter occurs when audiences see the video resulting from my performance. My body functions as a barometer, as a needle connecting people from a different time and space." She means to emphasize the ties that bind people, by extinguishing, for the duration of the performance, the illusion that the self is primary.

Kimsooja's epic eleven-day journey *Cities on the Move - 2727 Kilometer Bottari Truck* (November 1997) retraced sites in her memory; she traveled to different cities and villages where she used to live, carrying colorful *bottari* on a flat-bed truck. Kimsooja considers the performance "a social sculpture, loaded with memory and history, which locates and then equalizes physical and mental space." The video, witnessing Kimsooja's transit in Korea's Taebek Mountains, movingly and also literally presents the baggage she carries with her as she seeks to face her past. The performance presents her travels as a metaphor for the narrative of our existence; as Kimsooja states in a catalogue accompanying the piece, "*Bottari Truck* is a processing object throughout space and time, locating and dislocating ourselves to the place where we come from and where we are going to." The figurative language engages the viewer on a metaphysical plane, demanding that we read her journey as emblematic of our own. Kimsooja is particularly strong when her imagery is offered as a symbolic representation of

come dichiara lei, nel catalogo della mostra, "*Bottari Truck* è un oggetto di trasformazione nello spazio e nel tempo, collocandoci e dislocandoci dal luogo di provenienza a quello di destinazione". Il linguaggio figurativo attira lo spettatore su un livello metafisico, richiedendo un'interpretazione del suo viaggio come simbolo di noi stessi. Kimsooja è particolarmente forte quando le sue immagini sono offerte come la rappresentazione simbolica della consapevolezza; la nozione di spostarsi lungo un percorso si diffonde in sintonia con l'inevitabile avvenimento che fermerà il percorso quando la persona non ci sarà più. Quando nel catalogo viene domandato a Kimsooja di commentare i suoi progetti non realizzati, lei risponde: "Custodisco i miei progetti dentro il mio corpo, che concepisco come uno studio, e non mi sforzo di ricordarli o raccontarli tutti". Questa dichiarazione ci riporta all'idea che, dentro il suo corpo, Kimsooja abbia una forte carica creativa, che funziona come l'omologo dell'anonima persona qualunque, che lei tiene a presentarci con tanta cura. Il motivo per cui nei suoi video non si vede mai in faccia, deriva del fatto che la sua anonimia è sufficientemente vasta da poter incorporare qualunque cosa accada nel mondo attorno a lei.

Mentre si seguono le orme lasciate da Kimsooja nei suoi soggiorni nella memoria, viene chiarito che le implicazioni del suo percorso – esso stesso un termine buddhista – rivelano molte affinità profonde con il Buddhismo. Kimsooja commenta che il suo "atteggiamento e modo di vedere le cose è del tutto simile a quello dei buddhisti". Allo stesso tempo, si riserva il diritto di restare "un individuo indipendente che vede il mondo a modo proprio, e che riconosce che il suo percorso può qualche volta entrare in contatto con una vasta corrente di pensiero". Nell'isolamento delle sue opere, Kimsooja cerca una corrispondenza generalizzata con il mondo, basata sulle sue condizioni e sulle sue esperienze proprie. Le sue allegorie sono coronate dal successo in quanto derivano, malgrado possa sembrare diverso, da un senso di risolutezza molto consolidato. In qualche modo, l'anonimia di Kimsooja è uno stratagemma, un modo di trasmettere un senso di sé, dove i confini sono talmente estesi che arrivano a eliminare il concetto di limite. Quel che risulta strano nell'isolamento di Kimsooja è che in realtà sa coinvolgere completamente il suo pubblico; così come lei offre la solitudine per evidenziare le implicazioni universali, viene sottolineata la sua autonomia come mezzo di procedere verso un grande coinvolgimento con gli altri. In verità, le sue azioni solitarie nel video *A Beggar Woman*, girato a Lagos nel 2001, dove la vediamo seduta a gambe incrociate con la mano tesa per chiedere l'elemosina, sembrano invocare aiuto. Qualcuno le dà delle monete, e il silenzio della scena intensifica la vulnerabilità dell'artista. Noi leggiamo l'interazione come prova che il bisogno esiste dappertutto; nella sua drammatizzazione del desiderio, Kimsooja riduce se stessa – e anche noi – a un composto di desideri spogliati dell'ego, e a una rappresentazione di povertà assoluta.

Come risultato, Kimsooja oggettivizza la nostra conoscenza intuitiva in un linguaggio di azioni, messe a nudo fino all'essenza pura delle loro intenzioni.

awareness; the notion of moving along a path resonates in sympathy with the inevitable determination that the path will end when the person is gone. Asked in the catalogue to comment on unrealized projects, Kimsooja replies, "I contain my projects in my body which I find as my studio, and I don't try to remember or describe them all." The statement returns us to the idea that Kimsooja holds within her body a wellspring of creativity, which acts as the counterpart to the anonymous public self she so carefully presents. If it is true that we never see her face in her performance videos, it is because her anonymity is large enough to incorporate whatever occurs in the world around her.

As one follows the steps left by Kimsooja in her sojourns of memory, it becomes clear that the implications of her path—itself a Buddhist term—suggest deep affinities with Buddhism. Kimsooja comments that her "attitude and way of looking are similar to that of Buddhists." At the same time, she reserves the right to remain "an independent individual, who looks at the world in one's own way and who recognizes that one's own path can sometimes meet with a broad stream of thought." In the isolation of her artwork, Kimsooja seeks out a generalized correspondence with the world, but on her own terms and from her own experience. Her allegories are successful because they originate, despite seeming otherwise, from a highly individuated sense of purpose. In a way, Kimsooja's anonymity is a subterfuge, a manner of relating a sense of self whose boundaries are so extended as to do away with the notions of limit entirely. The odd thing about Kimsooja's isolation is that it in fact completely engages with her audience; just as she offers solitude as a way of emphasizing universal implications, so she underscores her autonomy as a way of proceeding toward a wide involvement with others. Indeed, her lonely actions appear to call for help: in the video *A Beggar Woman*, done in Lagos in 2001, she sits crosslegged, her palm extended for alms. Someone gives her some change, and the muteness of the scene intensifies the artist's vulnerability. We read the interaction as evidence of need everywhere; in her dramatization of want, Kimsooja reduces herself—and us as well—to an egoless composite of desires, an enactment of utter poverty.

As a result, Kimsooja objectifies our intuitive knowledge in a language of actions stripped to the bare essence of their intent. There are of course feminist implications to her devotions, accomplished with a purposeful humility. In a remarkable performance, entitled *A Needle Woman – Kitakyushu*, done in 1999 in Japan, Kimsooja stretched out on top of a limestone mountain, her curving body echoing the stony rise. The video confirms the artist's procedure, whereby her interaction with her surroundings envelops them in a unified will. The suggestion of the earth mother comes into play; there is a sense of limitless identification with nature. At the same time, some of the other performances have political implications, as suggested by *A Beggar Woman* or *A Homeless Woman – Delhi* (2000), in which Kim lies down on the sidewalk of a busy street. The lack of a direct message advocating social change does not affect

Ovviamente ci sono implicazioni di genere femminista ai suoi sacrifici compiuti con voluta umiltà. Nella straordinaria performance, *A Needle Woman-Kitakyushu*, svoltasi nel 1999 in Giappone, Kimsooja si è distesa sulla cima di una montagna di calcare, e il suo corpo incurvato riprendeva il rilievo roccioso. Il video rinforza l'approccio dell'artista, in cui il suo modo di interagire avvolge l'ambiente in un'unificata volontà. L'idea della madre terra entra in gioco; c'è un senso d'identificazione immensa con la natura. Allo stesso tempo, altre delle sue performance hanno delle implicazioni d'ordine politico, come ci indica *A Beggar Woman* o *A Homeless Woman-Delhi* (2000), nelle quali l'artista si stende sul marciapiede di una strada trafficata. La mancanza di un messaggio diretto che sostenga un cambiamento sociale, non influisce sulle due opere, le quali svelano la sofferenza di una nostra condizione intrinseca. Certamente l'obliquità delle premesse di Kimsooja esalta il suo modo di esprimersi, modo che sembra inevitabile nella luce della sua universalità.

Nella recente installazione *A Mirror Woman* (2002), Kimsooja ha sospeso dei copriletti lungo la galleria di Peter Blum a New York. Su entrambe le pareti aveva collocato delle superfici di specchio. Su di esse erano riflessi i visitatori che procedevano dentro a un labirinto di tessuti colorati. Nella mostra era inoltre incluso l'elemento sonoro – il canto dei monaci tibetani. Comunque, l'esperienza dell'installazione era oltremondana, al punto da essere preoccupante. Può darsi, nel senso più ampio del termine, che gli interventi di Kim siano davvero preoccupanti, proprio perché ci fanno ricordare che siamo mortali. Nella sua opera *Epitaph* (2002), Kimsooja fa fluttuare un copriletto in mezzo al cimitero di Greenpoint, a Brooklyn; è un momento che unisce la vita con il suo evidente avversario, la morte. Come tale, l'opera implica che un'interpretazione tra l'esistenza e il non-esistere potrebbe essere forzata; qualche volta, un'apparente dicotomia rappresenta le due facce della stessa singola idea. La grande forza di Kimsooja come artista è la sua capacità di trovare il momento nel quale la passione e la calma, l'azione e la passività si uniscono.

Questo ci spiegherebbe che l'arte è un grande compensatore di falsi dualismi; la nostra mente è un luogo capace di racchiudere quasi ogni cosa. Nella generosità della sua visione, Kimsooja reitera le grandi verità dell'ignoto, ossia quel che sta al di sopra e al di là delle nostre vite. Prende quel che implicitamente conosciamo e conferisce a esso una grazia pubblica. Mentre lei continua a crescere nella sua arte, anche noi facciamo la stessa cosa, e in modo così completo che ci siamo inglobati nella sua generosa espansione immaginativa.

* Tutte le citazioni sono tratte dall'intervista dell'autore con l'artista nell'estate del 2002.

Jonathan Goodman, poeta e scrittore, lavora per le riviste *Art Asia Pacific Magazine*, *Art in America* e *The New York Times*. È specializzato in arte contemporanea asiatica, e insegna al Pratt Art Institute di New York. Questo articolo è stato pubblicato per la prima volta su *Art Asia Pacific*, nell'autunno 2003.

the two pieces, which render suffering as intrinsic to our condition. Indeed, the indirectness of Kimsooja's premises actually enhances her expression, which feels inevitable in light of its universality.

In the recent installation *A Mirror Woman* (2002), Kimsooja hung used bedcovers across the width of the Peter Blum Gallery in New York City. She also placed mirrored surfaces on both of the side walls, reflecting the path of visitors as they made their way through a labyrinth of colorful cloth. There was a sound element as well: the chants of Tibetan monks accompanied the exhibition. Overall, the experience of the piece was otherworldly to the point of being disturbing. Perhaps, in the largest sense, Kim's interventions are indeed disturbing, for they remind us of our mortality. In *Epitaph* (2002), Kimsooja waves a bedcover in the midst of a cemetery in Greenpoint, Brooklyn; it is a moment that merges life with its apparent opponent, death. As such, the work suggests that the interpretation between existence and nonbeing may be forced; sometimes, a seeming dichotomy is actually two surfaces of a single idea. Kimsooja's great strength as an artist is to find the moment wherein passion and calm, action and passivity, merge.

She would have us understand that art is the great equalizer of false dualities; our mind is a place capable of including most everything. In the generosity of her vision, Kimsooja reiterates the great truths of the unknown, what lies above and beyond our lives. She takes what we implicitly know and bestows upon it a public grace. As she grows larger in her art, so do we, so completely are we included in the generous expanse of her imagination.

* All quotations are taken from the author's interview with the artist in summer 2002.

Jonathan Goodman is a poet and a writer for *Art Asia Pacific* magazine, *Art in America*, and *The New York Times*. He specializes in contemporary Asian Art and teaches at the Pratt Institute, New York. His article on Kimsooja was first published in *Art Asia Pacific*, fall 2003.

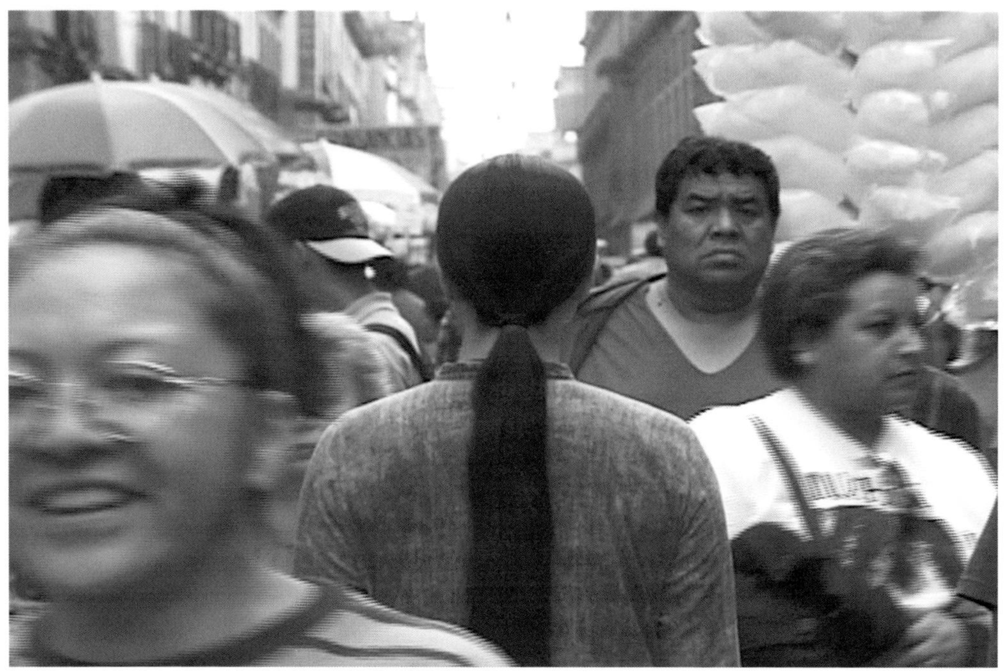

A Needle Woman, 2000–2001

Ovvio, ma problematico

Bernhard Fibicher

Le reazioni alle mute proiezioni video di Kimsooja tendono anch'esse a essere mute – sicuramente senza parole – come le stesse opere. Andiamo incontro a piccole difficoltà di fronte a quanto ci è mostrato; non esiste una qualsivoglia "trama", e nemmeno appare traccia di nuove informazioni nel corso delle sequenze. In breve, è con difficoltà che si riescono a trovare argomenti di discussione. La tentazione di ricercare una qualche forma di esegesi sull'opera di questa artista coreana per poterla definire verbalmente, in un parallelo tra storia e certe tradizioni artistico-filosofiche, è sicuramente forte. A questo riguardo, certi termini rappresentano dei punti di partenza particolarmente attraenti: Buddhismo Zen, meditazione, yoga, la sospensione del corpo, lo svuotamento della mente, estasi attraverso ascetismo, il trasformarsi in un tutt'uno con le forze cosmiche, e così via. L'arte di Kimsooja può toccare alcuni o anche tutti i temi sopraindicati. Comunque, la risonanza del pubblico verso la sua opera ha, ripetutamente, provato che gli osservatori estranei alle filosofie orientali sono comunque in grado di identificarsi in quello che viene loro presentato.

Questo ci porta a collegare l'opera di Kimsooja agli Esistenzialisti occidentali, oppure a quelle correnti fenomenologiche inclini alla rivendicazione dell'universalismo. Per esempio, si può affermare che il puro *Da-Sein* dell'artista (ossia, il suo *essere* + *lì*) nei suoi video potrebbe

Obvious But Problematic

Bernhard Fibicher

Reactions to Kimsooja's silent video projections tend to be just as soundless—indeed speechless—as the works themselves. We have little trouble recognizing what is shown; there is no "plot" whatsoever, nor does any new information crop up at any point during a sequence. In short, there is hardly food for discussion. This makes it all the more tempting to seek some sort of exegesis with respect to the work of this Korean artist, to link it historically with certain artistic or philosophic traditions, in order to define it in words. To that end, certain catchwords represent particularly appealing departure points: Zen Buddhism, meditation, yoga, the suspension of the body, the emptying of the mind, ecstasy through asceticism, becoming one with the cosmic forces, and so forth. Kimsooja's art may well touch upon any or all of these. Public response to her work, however, has repeatedly proven that viewers who balk at Eastern philosophy are nonetheless capable of empathizing with what she presents.

This leads us to consider linking Kimsooja's work with Western Existentialist or phenomenological trends, prone as they are to claiming universalism. For instance, then, the mere fact of the artist's *Dasein* (that is, her being + there) in her videos might to some extent relate to Heidegger's notion of *Ek-sistenz* as analyzed in *Being and Time*. His "being-in-the-world" means to exist, from the Latin *exsistere*, the equivalent of standing outside one's self in a state of being that has always pre-existed. In other words, it is precisely the most innocuously quotidien aspect of life that allows us to be and become what we already are, enabling the pure "what is and is to be" to emerge while "wherefrom and whereto" remain shrouded in mystery. To Heidegger, the body is inconsequential, simply there, a mere background for our acts, never standing in the foreground; the body is an instrument of transcendence. Might we not say as much of the artist's body, as it appears in her videos? By contrast, for Maurice Merleau-Ponty, author of the important *Phenomenology of Perception*, our perception of things always depends on a standpoint, namely that of our body. To be a body means to be linked to a certain world ("Etre corps, c'est être noué à un certain monde..."). And that world is what makes me aware of my body "at the center of the world," as "the unperceived end point towards which all objects turn their face" ("le terme inaperçu vers lequel tous les objets tournent leur face"), "the hub of the world" ("le pivot du monde"). By way of illustration, see the four-part video installation *A Needle Woman*.

Several art-historical contexts might lend themselves to "explaining" Kimsooja's work. Traditional Chinese landscape painting, for instance, uses the dialectical relationship between solid and liquid: the

in qualche maniera collegarsi con la nozione di *Ek-sistenz*, di Heidegger, come è analizzata in *Essere e Tempo*. Il suo "essere-nel-mondo" significa esistere, dal termine latino *ex-sistere*, l'equivalente dello stare al di fuori di se stessi in una situazione dell'essere che è sempre stata. In altri termini, è precisamente l'aspetto più innocuo della vita quotidiana che ci permette di essere e di diventare ciò che già siamo, permettendo al puro "quello che è, e quello che sarà" di emergere, offuscando il "da dove, e per dove", che rimane invece avvolto nel mistero. Secondo Heidegger, il corpo è incongruente, semplicemente lì, un mero sfondo per le nostre azioni, un'entità che mai si pone in primo piano; il corpo è uno strumento per la trascendenza. Non dovremo forse affermare altrettanto riguardo al corpo dell'artista, da come esso appare nei video? Contrariamente, per Maurice Merleau-Ponty, autore di una delle più importanti *Phénoménologie de la Perception*, il nostro modo di percepire le cose è sempre dipendente dal punto di vista, cioè dal punto di osservazione in cui siamo posizionati. Per il corpo significa essere collegati ad un certo mondo ("*Être corps, c'est être noué à un certain monde...*"). E quel mondo è proprio ciò che mi rende conscio del mio corpo come posizionato "al centro del mondo", come "quel punto finale non percepito verso cui tutti gli oggetti voltano la faccia" ("*le terme inaperçu vers lequel tous les objets tournent leur face*"), "il perno del mondo" ("*le pivot du monde*"). Per dovere illustrativo, consideriamo dunque le quattro parti dell'installazione video, *A Needle Woman*.

Diversi contesti storico-artistici potrebbero prestarsi bene per "spiegare" l'opera di Kimsooja. Per esempio, la pittura paesaggistica tradizionale cinese fa uso della relazione dialettica tra solido e liquido: i paesaggi riflettono la reciproca influenza tra roccia e acqua, montagne e nuvole, come appare appunto dal gioco reciproco tra il pennello e l'inchiostro indiano. Anche considerando il fatto che la pittura non è la sua tecnica, Kimsooja sembra seguire i principi qui brevemente esposti. Infatti, lascia che i rigidi corpi che ci presenta interagiscano con i flussi della natura o con quelli delle masse di gente.

La storia dell'arte occidentale, inoltre, offre numerosi contesti in cui sarebbe possibile un posizionamento dell'opera di Kimsooja. Ci vengono in mente, come precorritori, pensando ai reami della Performance o della Body Art, gli esperimenti della coppia Marina Abramović-Ulay con le posizioni base del corpo umano – in piedi, coricato, seduto – oppure il ruolo della figura carica di aura "tipo-statua", nella quale James Lee Byars si divertiva a calarsi. Comunque, gli storici dell'arte tendono anche a collegare la posizione che Kimsooja assume nei suoi video, con le figure viste di spalle dei dipinti di Caspar David Friedrich, che così spesso appaiono attorno al 1818. Per citare due titoli - *Donna davanti al Sole che Tramonta* (Museum Folkwang, Essen), e *Viaggiatore sul Mare di Nebbia* (Kunsthalle Hamburg) – ogni figura sta a tutta lunghezza, parallela al dipinto e in primo piano, esattamente nel mezzo della composizione. Entrambi voltano le spalle all'osservatore: individui solitari, messi a confronto con l'ampiezza infinita e l'incommensurabile *magnitudo* della

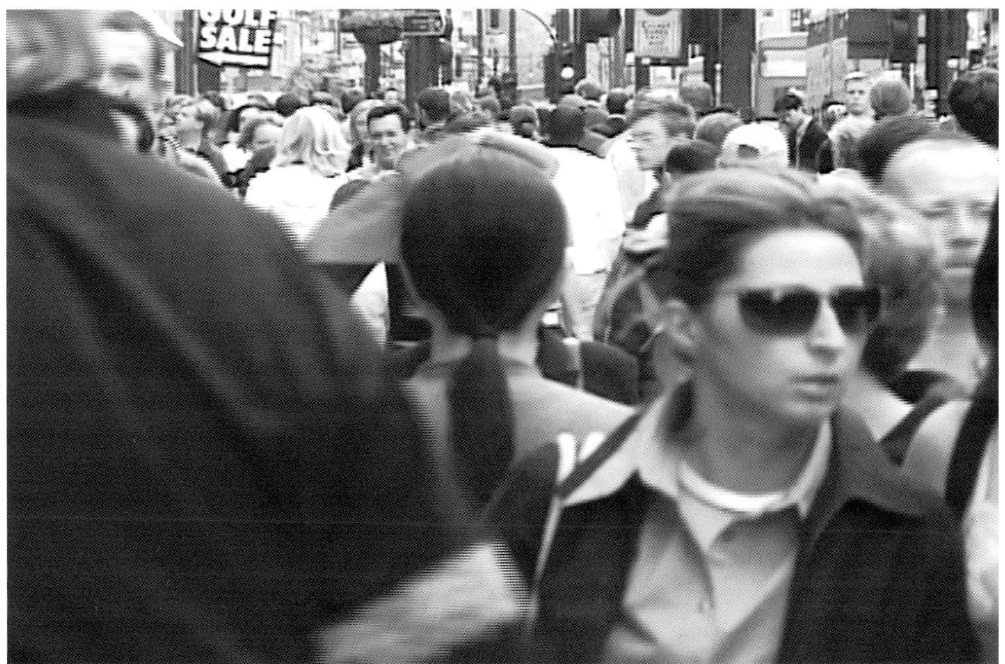

A Needle Woman, 2000–2001

landscapes reflect the reciprocal influence of rock and water, mountain and clouds, as captured by the interplay of brush and India ink. Although painting is not her medium, Kimsooja does seem to follow these roughly sketched principles, allowing the stiff bodies she presents to interact with flows found in nature or streaming crowds.

Western art history, too, offers several frameworks within which it would be feasible to position Kimsooja's work. "Forerunners" of sorts easily come to mind in the realms of performance and body art: one thinks of Marina Abramović and Ulay's experiments with the basic positions of the human body—standing, lying, sitting—or the statue-like and aura-pervaded standing role into which James Lee Byars enjoyed casting himself. However, art historians also tend to link Kimsooja's stance in her videos with the back-view figures that so frequently appear in Caspar David Friedrich's paintings of around 1818. The title figures of two of these—his *Woman before the Setting Sun* (Museum Folkwang, Essen) and *Wanderer above the Sea of Fog* (Kunsthalle Hamburg)—each stand full-length, parallel to the painting and in the foreground, exactly in the middle of the composition. Both turn their back to the viewer: solitary individuals, they stand confronted by the endless breadth and immeasurable magnitude of Nature. Just as in Kimsooja's work, through their anonymity, these figures seen from behind serve as substitutes—within the painting—for the viewer. They are at once subject and object of our gaze.

It would certainly be interesting to carry some of these ideas a few steps further, or to explore still others, such as the concept of the

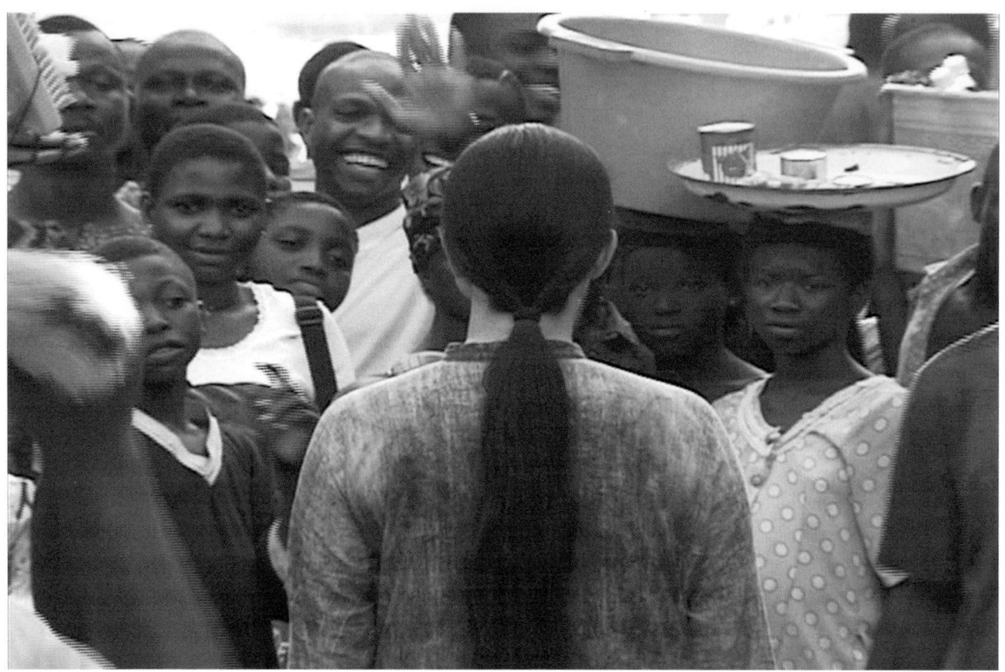

A Needle Woman, 2000–2001

natura. Esattamente come nell'opera di Kimsooja, attraverso la sua anonimità, queste figure viste da dietro fungono da sostituto – all'interno del quadro – dell'osservatore. Diventano subito soggetti ed oggetti del nostro sguardo.

Sarebbe sicuramente interessante portare queste idee avanti di qualche passo, o ancora esplorarne altre, come il concetto di sublime, o la nozione Baudleriana del "*bain de foule*" (bagno di folla). Comunque, per quanto riguarda i temi trattati in questo saggio, limitiamo l'attenzione alle immagini del video e cerchiamo di scoprire da che cosa si costituisca il fascino che riscontriamo nella difficoltà di definirle. Il denominatore comune, nella maggior parte delle opere di Kimsooja, è la presenza dell'immagine immobile e vista di spalle, di quella figura femminile in piedi o coricata. In primo luogo, la figura risulta inaccessibile in quanto la donna volta la sua faccia rispetto all'osservatore. È la folla che investe la *Needle Woman*, nel video così intitolato, che riesce a vederla di fronte; loro vedono qualcosa che ci viene negato. Se noi prendessimo il posto della figura femminile, scopriremmo che non potremmo vedere altro che quello che già vediamo come osservatori. Quindi, il dovere di identificare la figura di spalle è relativamente fuori tema. Sarebbe forse più interessante adottare il punto di vista di uno dei passanti. In ultima analisi, parrebbe essere la figura a noi "invisibile" quella che tiene in mano la chiave dell'intera scena. Perchè i passanti la guardano o la ignorano? Sta ridendo o piangendo, parlando o mantenendo il silenzio? I suoi occhi sono aperti o chiusi? È bella o brutta? Gli sguardi dei passanti non offrono alcun indizio a riguardo. La donna non è un individuo (potrebbe essere moltiplicata) ma un'astrazione. Vestita in un grigio neutro, la figura dell'artista sembra scorporata, una

sublime, or Baudelaire's notion of the "bain de foule" (to revel in crowds). For the purposes of this essay, however, we shall focus on the video images themselves, attempting to discover what constitutes their definition-defying fascination. The common denominator for most of Kimsooja's works is the standing or lying female figure, motionless and seen from the back. In the first place, the figure is inaccessible because the woman turns her face away, that is, away from the viewer. It is the crowd streaming towards the Needle Woman, in the video sequence by that name, who can see her from the front; they see something we are denied. Were we to take the place of the female figure, we would discover nothing more than what we already see as viewers. Hence, to identify with the back-view figure is relatively beside the point. It would be far more interesting to adopt the standpoint of one of the passersby. In the last analysis, it seems that the figure "invisible" to us holds the key to the whole scene. Why are the passersby looking at her or ignoring her? Is she crying or laughing, speaking or holding her silence? Are her eyes open or shut? Is she pretty or ugly? The gazes of the passersby offer no clue in the matter. This woman is no individual (she can be multiplied) but an abstraction. Clad in neutral gray, the artist's figure seems incorporeal, silhouette-like, a shadow of ourselves, a Doppelgänger. And yet she stands her ground with respect to the crowd, tacitly but nonetheless forcefully asserting her presence. In fact, the artist strikes a delicate balance between presence and absence; she is at once herself and the "other."

A second factor rendering inaccessible the figure viewed from behind is that the viewer is incapable of sharing her vantage. The Needle Woman on the rocks lies above the viewer's eye level and above the horizon; no pathway leads to her. Moreover, deprived of a foreground, she cannot be situated in depth. The landscape lying ahead of her is invisible to us. We wonder if the woman is sleeping or meditating with closed eyes, whether she even deigns to cast a glance at what is hidden from us. Not content with refusing to show herself, she further denies us the possibility of seeing things from her standpoint, thus cutting off our view ahead. This female figure represents unattainable distance. *A Laundry Woman* presents similar spatial problems, inviting us to wonder where it is that she is standing. Very near the river bank? High above the river? The water forms a wall in front of her: instead of mirroring the artist herself, it reflects the sky above and its flock of whirring birds. On the other hand, the viewer is refused her vantage, prevented from sharing her space. Here, the female figure is invisible to us from the waist down, with only her upper body jutting out into the image. (The reclining figure, too, does not seem to be in the picture but to project itself onto the picture from the side, shoving itself in between the rocks and the sky.) This "upper-body figure" is impossible to pin down in any fixed spatial terms. Nevertheless, the figure seems "grounded" in the literal sense of the word, standing as it does exactly at the center of the image, which it divides symmetrically into two. It is

silhouette, un'ombra di noi stessi, un *Doppelgänger*. Ed è lì, in mezzo alla gente, tacitamente, ma ciononostante asserisce con forza la propria presenza. Infatti, l'artista impone un delicato equilibrio tra presenza ed assenza; lei è allo stesso tempo se stessa e gli "altri".

Un secondo fattore, che rende inaccessibile la figura che ci dà le spalle, è che per l'osservatore risulta impossibile dividere con lei lo stesso punto di osservazione. La *Needle Woman* sulle rocce è adagiata al di sopra dell'occhio dell'osservatore e al di sopra dell'orizzonte; nessun sentiero ci conduce a lei. Oltre a ciò, privata di un primo piano, non è possibile situarla in profondità. Il paesaggio che giace davanti a lei per noi è invisibile. Ci chiediamo se la donna stia dormendo o stia meditando con gli occhi chiusi, oppure se degni di uno sguardo quello che è nascosto ai nostri occhi. Non paga di rifiutare di mostrare se stessa, continua a negarci la possibilità di vedere qualcosa dal suo punto di vista, troncandoci lo sguardo in avanti. Questa figura femminile rappresenta una distanza irraggiungibile.
A Laundry Woman presenta problematiche spaziali simili, infatti, ci invita a domandarci dove si trova lei in quel momento. Molto vicina alla riva del fiume? Alta sopra al fiume? L'acqua forma un muro davanti a lei: invece di riflettere l'artista, riflette il cielo e gli stormi di uccelli. Dall'altra parte, all'osservatore è rifiutato il punto di vista della donna, impedendogli così di poter dividere con lei lo stesso spazio. Qui la figura femminile ci è invisibile dalla vita in giù, con solamente la parte alta del suo corpo che sporge all'interno dell'immagine (anche la figura reclinata non sembra essere nell'immagine, ma pare proiettata dal lato dell'inquadratura, in modo da spingere se stessa tra le rocce e il cielo). Questa "parte superiore del corpo" è impossibile da fissare in termini spaziali. Comunque, la figura appare "atterrata" nel vero senso della parola, collocata esattamente nel centro dell'immagine, la divide simmetricamente in due parti. È questa figura che determina e crea le coordinate spaziali. Tutto si origina da essa, si collega a essa: è il centro, l'alpha e l'omega.

La terza ragione per cui questa figura di spalle risulta inaccessibile ha a che fare con lo spazio in se stesso – lo spazio che la figura affronta, al quale è esposta. Questo spazio è instabile, in costante cambiamento, liquido. Uno sguardo prolungato sembra rendere quella che è evidentemente roccia massiccia a Kitakyushu, sulla quale la *Needle Woman* è reclinata, soggetta a un "cambiamento": il crinale pare il flusso d'aria che scorre. Gli elementi antropomorfi iniziano ad apparire nelle rocce, qualcosa di simile alle forme di un teschio umano.
La donna seduta sui fagotti in *Cities on the Move* dovrebbe essere un po' sballottata dalla buche sulla strada, però è lei quella che risulta essere l'elemento statico della sequenza. La strada si snoda attraverso le immagini che ci scorrono davanti agli occhi, e il paesaggio ci viene incontro. Comunque, a dispetto dell'instabilità spaziale – la sua qualità dinamica di rendere tutto più positivo – non si colgono né disagi né tanto meno minacce (contrariamente, per esempio, alla progressiva deformazione e contrazione degli alloggi del protagonista in *Froth on the*

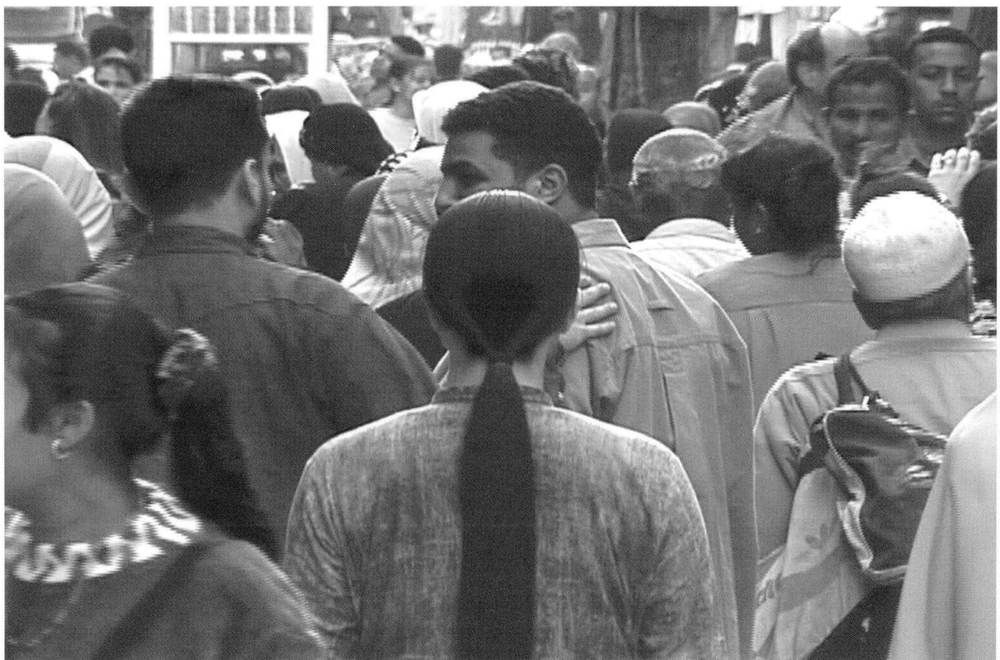

A Needle Woman, 2000–2001

this figure that determines and creates the spatial coordinates. Everything starts out from it, relates to it: it is the center, the alpha and the omega.

The third reason that this back-view figure is inaccessible has to do with the space itself—the space the figure faces, to which it is exposed. This space is unstable, constantly changing, liquid. A longer look makes even the supposedly solid rocks in Kitakyushu, upon which the Needle Woman reclines, seem subject to "change": the ridges look like the flow of hair that has been let down. Anthropomorphic elements begin appearing in the rocks, something like the features of a human skull lying about. The woman sitting on the bundles in *Cities on the Move - 2727 Kilometer Bottari Truck* may be shaken about a bit by the potholes in the street, but it is nonetheless she who remains the static element in the sequence. The street winds its way through the images before our eyes, and the landscape comes towards us. Yet, despite the space's instability—its dynamic quality to put it more positively—no uneasiness or menace is suggested (by contrast, for instance, with the progressive deformation and narrowing of the lead character's living quarters in Boris Vian's *Froth on the Daydream*. The female figure not only exists in space that is anisotropic, but also belongs to another time—an extremely slow-motion version of our own world. Kimsooja's video imagery portrays the world's continuous transformation as an inexorable but altogether natural turn of events. However, the strength of the individuals exposed to this unending transformation is equally inexorable: through the simple fact of their presence-laden *Dasein*, they are capable of neutralizing it.

Daydream di Boris Vian). La figura femminile non solo esiste in uno spazio anisotropico, ma appartiene anche a un altro tempo, una visione estremamente rallentata del nostro mondo. Il video di Kimsooja ci fa vedere un mondo in continua trasformazione, come uno scorrere degli eventi inesorabile, ma allo stesso tempo naturale. Comunque, la forza degli individui esposti a questa trasformazione infinita è egualmente inesorabile: attraverso il semplice fatto del loro *Da-Sein* carico di presenza, essi sono capaci di neutralizzarla.

Qui abbiamo quello che molto probabilmente spiega il fascino delle opere video di Kimsooja. Rifiutandosi di descrivere il suo gioco sistematico di contrasti all'interno di una qualsiasi sorta di dialettica relazionale carica di tensioni, lei giunge a questo delicato equilibrio in cui i poli opposti sono portati in primo piano come elemento base per l'armonia. Anche se quello che rappresenta è un luogo senza una precisa identità, le sue immagini video non arrivano a essere plausibili. Il forte equilibrio tra presenza e assenza esiste non solo nelle sue immagini, ma anche nella nostra testa, poiché quell'immagine di spalle può comunque mostrare se stessa nel momento in cui il proiettore viene spento.
Kimsooja è contemporaneamente soggetto e oggetto del nostro sguardo; un individuo e un'astrazione; una donna in particolare e ogni donna (uomo); strumento e attrice; immobile e propositiva. Secondo le teorie della percezione, il fatto che l'occhio guardi quello che si muove è una verità evidente. Nell'opera di Kimsooja è la sua immobilità a catturare lo sguardo. Mentre si colloca al centro dell'immagine, l'artista ne prende le distanze. La sua fortissima, ma semplice apparizione è un incredibile modo di affermazione personale, capace di provare qui e ora, e con una ridottissima economia di significati, che è possibile avventurarsi in nuove dimensioni spaziali e temporali.

Bernard Fibicher lavora è curatore e critico d'arte. Direttore della Kunsthalle di Berna fino al 2004, e chief curator della Kunsthaus Zürich dal 1995 al 1997. Ha curato numerose mostre in tutto il mondo, e in particolare in Africa e Asia, tra le quali le personali di: Thomas Hirschhorn, Martin Creed, Serge Spitzer, Pascal Martin Tayou, Meschac Gaba, Ai Weiwei e Kimsooja. Questo articolo è stato pubblicato la prima volta nel catalogo del Kunstmuseum Bern nel 2001.

Here we have what most probably explains the fascination of Kimsooja's video works. Refusing to draw her systematic play of contrasts into any sort of tension-charged dialectical relationship, she instead achieves such a delicate equilibrium that opposite poles are brought to the fore as a natural basis for harmony. Although what she stages is commonplace, her video imagery does not come across as believable. The balance struck between presence and absence exists not only in her images, but in our head as well, inasmuch as the back-view figure can show itself as soon as the video projector is switched off. Kimsooja: at once subject and object of our gaze, an individual and an abstraction, a specific woman and every(wo)man, instrument and actress, motionless and purposeful. In theories of perception, the fact that the eye sees what moves is a truism. In Kimsooja's work, it is immobility that catches the eye. While setting herself at the center of the imagery, the artist distances herself from it. Her forceful but simple appearance is an incredible manner of self-assertion, proving that it is possible here and now, and with a strict economy of means, to adventure into new spatial and temporal dimensions.

Bernhard Fibicher is a curator and a writer. He has been director of the Kunsthalle Bern, chief curator of Kunsthaus Zurich, and has curated numerous shows around the world, many focusing on Africa and Asia, including solo shows of Thomas Hirschhorn, Martin Creed, Serge Spitzer, Pascal Martin Tayou, Meschac Gaba, Ai Weiwei, and Kimsooja.
This article was first published in Kimsooja's 2001 Kunstmuseum Bern catalogue.

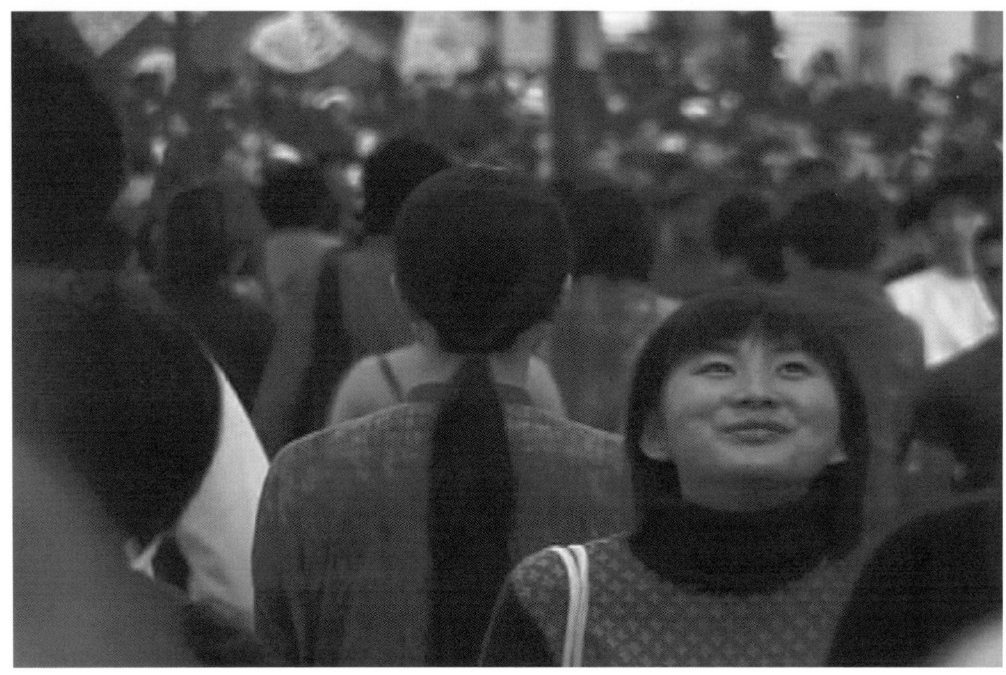

A Needle Woman, 1999–2000

La donna ago di Kimsooja

Keiji Nakamura

Vestita in un abito nero e sobrio, quasi un talare monastico, i capelli lunghi raccolti a coda, una donna sta nel mezzo dello schermo, la schiena rivolta verso la macchina – è l'artista Kimsooja. Lei sola nella monocromia, lei sola non si muove. Anche se sta lì ferma, in mezzo al quartiere Shibuya di Tokyo, ogni tanto scompare dalla vista quando la sua figura viene inghiottita dal flusso continuo multicolore, del traffico pedonale, che le si interseca davanti e dietro in modo disordinato. Questo genera un senso infondato di inquietudine: dov'è andata? All' improvviso la sua inconfondibile schiena riemerge, come se tutti quanti le avessero fatto posto. La sua presenza penetra la folla, creando un'apertura singolare, mettendo apparentemente in evidenza solo lei. Un istante di vuoto nello spazio, un intervallo eterno. Il tempo che si era fermato mentre lei spariva di nuovo comincia a scorrere. Allo spettatore torna una certa serenità.
Perché ci si concentra su questa sua immagine ferma in mezzo alla folla? Perché sentiamo la vera forza della sua volontà, la forza della determinazione che s'irradia quasi senza un gesto dalla sua schiena. Perché la sua figura sta lì, in piedi, nell'esecuzione dell'opera. Probabilmente lei non è in strada, ma sta trasmigrando tra questa realtà e un mondo vicino, tra la vita e la morte. E su queste sue traversate noi spettatori proiettiamo l'incertezza della nostra esistenza. Mentre lei svanisce, facendosi sommergere dal flusso continuo dei passanti,

Kimsooja's *A Needle Woman*

Keiji Nakamura

Dressed in a dark, austere, almost monastic robe, long hair tied loosely, a woman stands in the middle of the screen, back to the camera—it is the artist Kimsooja herself. She alone is in monochrome, she alone does not move. Though since all she does is stand there, amidst the crowded Shibuya area of Tokyo, for example, she does at times vanish from view when her motionless figure is swallowed by the ongoing multicolored flow of foot traffic that crisscrosses heedlessly in front and back of her. Which summons a groundless sense of disquiet—where did she go?—until suddenly a moment later, as if everyone else had made way for her, that unmistakable back of hers re-emerges. Her presence cuts through the crowds, creating a singular opening, seemingly spotlighting her alone. An instant of emptiness in the space, an eternal space. Time that stopped while she disappeared begins to flow again. A certain calm visits the viewer.

But why should we fixate so upon this image of her just standing in a crowd? It is because we feel the sheer force of will, the determination that radiates from her backside with scarcely a movement. It is because her whole being is standing there in the performance. Perhaps she is not standing on the street, but transmigrating between this reality and the netherworld, between life and death. And upon her passages we viewers project the fundamental uncertainty of our own being. As she vanishes, submerging into the tides of men, we read the transience of existence and grow unsettled—only to take reassurance in the constancy of life forces as her figure resurfaces, poised and unmoving.

In her Shibuya piece, the passersby generally walk at a fast clip, not one stopping to look in her direction. Each is occupied with his or her own affairs, busily hurrying toward some goal, whether business or pleasure. Whereas in Shanghai, the people walk relatively slower, each seemingly meandering along a random course. Most of them cast a glance at her, look back over their shoulders, or even stop and stare. And in bustling backstreets of Delhi we witness the same curiosity, the same lack of reserve.

Nonetheless, not to make culturo-anthropological comparisons between people's actions and reactions city-to-city: the "where" of things is secondary. For even in the most chaotic urban Brownian motion, even in Shibuya where the mindless distraction of foot traffic takes on a strange regularity, all she does is stand there. Again swept under, again floating up in the human stream, she slowly embroiders her way into the fabric of the streets, of the people. She finds her place as the Needle Woman stitching it all together, patching things up.

The instant her hidden figure comes back into the picture, the viewer is struck by an awakening. It is the moment she establishes her presence, thereby beginning to charge the viewer's inner being. Just standing there, voiding herself, the world opens up, transparent: do you not

interpretiamo la transitorietà dell'esistenza, e questo ci turba; solo per poi ridarci la sicurezza nella continuità delle forze vitali quando lei riemerge, calma e immobile.
Nella sua opera a Shibuya, i passanti camminano a ritmo serrato, senza che mai nessuno si fermi a guardarla. Ognuno si occupa delle proprie faccende, affannandosi verso qualche obiettivo personale, non importa se di lavoro o di carattere privato. Mentre a Shanghai la gente cammina relativamente più lentamente, a quanto pare girovagando lungo un percorso casuale. La maggior parte delle persone le butta addosso uno sguardo, si voltano per guardarla, o si fermano e la fissano. E nelle animate strade secondarie di Delhi notiamo la stessa curiosità e mancanza di discrezione.
Comunque, per non fare confronti culturali-antropologici tra le azioni e le reazioni delle persone nelle diverse città, il *dove* è da considerarsi una questione secondaria. Anche nel più caotico moto browniano urbano, pure a Shibuya dove la distrazione insensata del traffico pedonale assume una strana regolarità, lei non fa altro che stare ferma sul posto. Di nuovo sommersa, sempre riemerge dalla corrente umana, e lentamente ricama se stessa nel tessuto delle strade e della gente. Trova il suo posto come la *Needle Woman*, cucendo tutto insieme, rappezzando le cose.
Nel momento in cui la sua figura nascosta riappare sullo schermo, l'osservatore si risveglia improvvisamente. È il momento in cui l'artista stabilisce la propria presenza, il modo di impregnare l'anima dello spettatore. Mentre lei sta semplicemente lì in piedi, annullandosi, il mondo si apre trasparente: all'improvviso non riesci a vedere te stesso? È quasi un incontro erotico con l'esistenza, *Ekstase* (Heidegger), un'epifania esistenziale.
Ciò diventa evidente nelle due opere in cui il paesaggio urbano è sostituito da quello naturale. Nella prima lei si allunga su una grande roccia con un braccio disteso. Naturalmente immobile. Come se osservassimo un para-nirvana, un'immagine del Buddha disteso, ma sorprendentemente visto da dietro. Sotto un cielo azzurro e limpido, distesa sulla roccia massiccia, come se stesse meditando sulle illusioni dei sensi, con uno sfondo segnato da sfumature mutevoli di luce e di nuvole che si muovono lente. La roccia non si muove, ma il tempo senza dubbio trascorre.
In *A Laundry Woman*, l'opera in cui lei sta in piedi guardando il fiume Yamuna in India, quella che all'inizio sembrerebbe acqua stagnante, attraverso lo scorrere di mucchi d'immondizia si rivela essere una corrente sorprendentemente rapida. Mentre questo fiume di rifiuti le scorre davanti, in realtà sembra che l'acqua le scorra attraverso, purificandola.
In queste due opere, sincronizzandosi con il tempo naturale, sembra che abbia carpito la sua temporalità interiore; cosicché il tempo dello spettatore si fonde anch'esso con la sua idea di tempo cosmico.

Le installazioni video di Kimsooja non sono né pure e semplici registrazioni audio-visuali collocate in luoghi diversi (in città e in

suddenly see yourself? It is an almost erotic encounter with existence, *Ekstase* (Heidegger), an existential epiphany.
This becomes clear in her two pieces enacted not in the city but against nature. In one work she lies upon a great rock, one arm outstretched. Motionless, of course. As if we are looking at a parinirvana, an image of the reclining Buddha, though funnily enough, from behind. Under a clear blue sky, lying on that great stone as if meditating upon sensual illusions, backgrounded by the slight passing of clouds and the resultant varying nuances of light. The rock does not move, but time is surely passing.
In *A Laundry Woman*, the work where she stands watching the Yamuna River in India, what at first appears to be almost stagnant water is shown by the appearance of drifts of rubbish to be a surprisingly rapid current. As this river of refuse flows past her it actually appears to be flowing through her, so that she is washed and purified by the waters.
In these two works, by synchronizing with natural time, she seems to have grasped her own inner time. So that, ultimately, viewer time also merges with her take on cosmic time.

Kimsooja video works are neither mere audiovisual records set in different town and countryside locations, nor are they tape works complete in themselves. They only become "finished" through the psychosomatic interactions engendered between the visuals and the viewer. And for this reason, viewing on a monitor is insufficient; the works must be projected in a specially created space or setting. There must be this psychosomatic interplay with the viewer, a dialogue between the figure of the artist seen from behind and the flux of persons around her in a such a way that watching the videos becomes participation in her performance. For although at the original shooting stage she was performing alone, when projected as part of an installation it takes on new life as another viewer-participation performance, the viewers creating their own meanings.
Almost nothing happens on screen. Nor do the visuals offer up meaning. Yet as the quietive, near-static visuals awaken a mixture of diverse uncertain and fulfilling emotions, the viewer and the viewed begin to share a singular reality. And this makes for a meaning projected back at the images on the screen.
Yet just how are we viewers to participate interactively in these works? How are we to share in the awakening of the woman-from-behind? Here, surely more intuitive than consciously thought out, are the secrets to her method. First of all, none of the tapes are edited; all seven-odd-minute tapes are slices of real time. So that the addition of oneself to this time span constitutes a sharing in the performance-as-photographed. Fixed-frame shooting without image manipulation likewise does away with all inverisimilitudes.
Moreover, in all the tapes she is shown largely from the waist up; that her legs are not seen proves quite important. Very likely if her whole body were in frame, viewers would watch the picture with detached objectivity. By not seeing her lower body, viewers can place themselves

campagna), né sono lavori su nastro fine a se stessi. Diventano *complete* solo tramite le interazioni psicosomatiche generate tra l'opera e lo spettatore. Per questa ragione risulta insufficiente guardarle su un monitor; devono essere proiettate in uno spazio o in un ambiente creato appositamente. Ci deve essere questa interazione psicosomatica con lo spettatore, un dialogo tra la figura dell'artista vista da dietro e il flusso di persone che la circonda. In tal modo guardare i video diventa una forma di partecipazione alla performance. Sebbene l'artista abbia eseguito in prima persona la fase originale della ripresa, quando il lavoro è proiettato come parte di un'installazione, esso assume una nuova vita. Il tutto diventa come un'altra performance che richiede la partecipazione degli spettatori, i quali creano i loro propri significati.
Sullo schermo non accade quasi nulla, e neppure le immagini offrono significati. Tuttavia, mentre le immagini quasi statiche risvegliano una mescolanza di emozioni diverse, incerte e allo stesso tempo appaganti, l'osservatore e l'osservato iniziano a dividere un'unica realtà. Questo dà un significato alle immagini riproposte sullo schermo.
Come possiamo esattamente partecipare in modo interattivo con questo genere di opere? Come possiamo partecipare al risveglio di questa donna-vista-da-dietro? Qui si nascondono i segreti del suo metodo, sicuramente pensati più intuitivamente che coscientemente. Prima di tutto, nessuna delle riprese è stata elaborata con tecniche di post-produzione; tutti e sette i minuti del video sono in tempo reale. Così quando ci si aggiunge a questo arco di tempo si entra a far parte della performance stessa.
Le riprese eseguite con la camera fissa e senza nessuna manipolazione posteriore dell'immagine contribuiscono a limare qualunque possibilità di inverosimilitudini.
Inoltre, in tutti i video si vede l'artista solo dalla vita in su; il fatto che le sue gambe non siano visibili risulta significativo. Probabilmente se tutto il suo corpo fosse visibile, gli spettatori guarderebbero l'immagine con un'oggettività distaccata. Nel non vedere la metà inferiore del suo corpo, lo spettatore riesce a posizionarsi direttamente dietro di lei per osservare le scene in un'identificazione fisica con il personaggio. Qui le immagini trascendono il visibile per raggiungere una realtà di corporalità completa. In quest'ottica la sua immagine non dovrebbe essere proiettata in formato troppo grande; idealmente dovrebbe apparire a grandezza naturale.
A tale riguardo, benché non sia esposto in questa sede, la sua opera *Sewing into Walking*, del 1997, può essere considerata come precorritrice sperimentale dei suoi lavori attuali. Qui l'artista non appare, una cinepresa fissa, invece, riprende semplicemente una strada molto trafficata a Istanbul. Eppure il campo visivo ad altezza occhio produce la strana impressione di *en scéne*, ossia la sensazione di osservare la scena proprio accanto a lei. Questa mancanza di artifizi dichiara la propria realtà allo spettatore. In tal modo le sue originali immagini di strada diventano immagini dell'esistenza stessa.
E qui ci si trova alle origini della sua serie successiva: *A Needle Woman*.

Le sue opere precedenti sono state definite in modi diversi secondo il

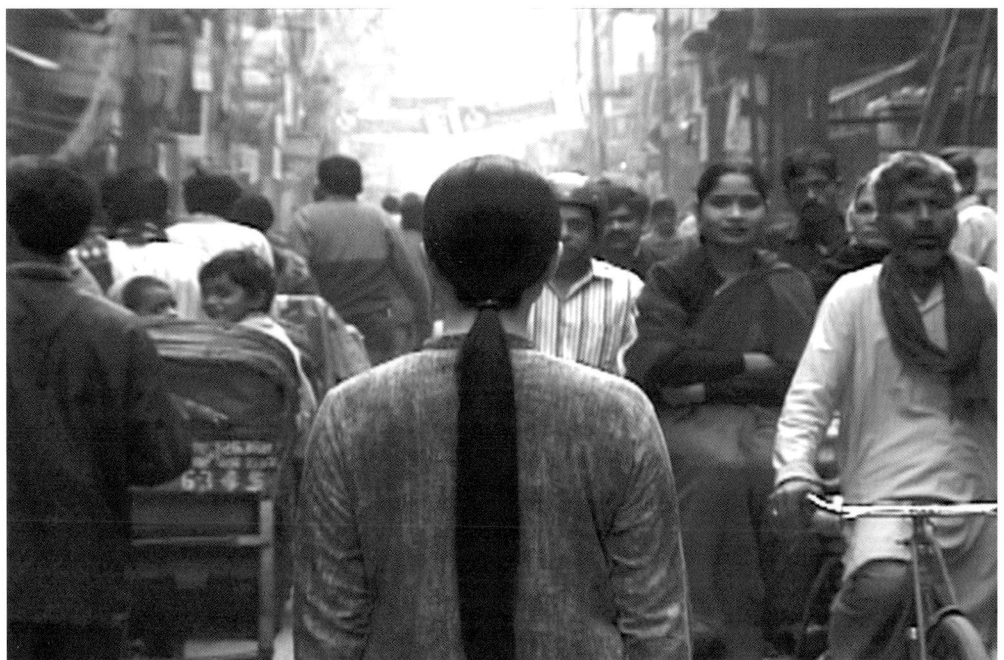

A Needle Woman, 1999–2000

directly behind her to observe the scenes in physical identification with her. Herein the images transcend the mere visual to attain a whole-body reality. Thus her image should not be projected too large; ideally she should appear roughly the life-size equivalent of the viewer.
In this regard, her 1997 *Sewing into Walking* may be regarded as an experimental forerunner to the present works. In this work the artist herself does not appear; a fixed camera merely records a busy street in Istanbul. Yet because of the eye-level field of vision, we get an odd *en-scéne* sensation of standing right beside her and looking on. It is this lack of artifice that brings home her reality to the viewer. In this way her unadulterated street visuals become images of being itself. Here we find the origins of her later "Needle Woman" series.

Her previous works have been variously labeled according to their concerns with "Korean tradition and modernization," "women's roles and feminism," even "nomadism." One reason is her longtime use of traditional Korean bedcover fabrics. In her very first works, she collaged cut-up swatches of these fabrics, sewing them together into patchwork wall hangings. Then later she bundled up old clothes in these colorful bedcovers-cum-wrapping cloths (*bottari*) and made installations of these large bundles, or piled them into a truck and drove them around Korea as an 11-day performance. Or again, she hung them up laundry-line style, or spread them like tablecloths on museum cafe tables.
Of course, bedcovers are replete with meaning: newborn babies are swaddled in them, they also cover corpses on deathbeds. And in between people see them throughout their lives as the site of sleeping, resting and sex. Moreover, as she always appropriated somebody's

loro legame con i temi di “tradizione e modernizzazione coreana”, “i ruoli della donna e del femminismo”, e quello di “nomadismo”. Una delle ragioni di tutto ciò è il suo uso da lunga data dei tessuti tipici dei copriletti tradizionali coreani. Nelle sue prime opere, Kimsooja produceva dei collage con frammenti di tessuto cuciti insieme, per creare una serie di arazzi-patchwork da parete. Più avanti utilizzò questi copriletti colorati come involucri (*Bottari*) per impacchettare vecchi vestiti e impiegarli nelle sue installazioni. O li caricava in un camion e li portava in giro per la Corea, durante una performance della durata di undici giorni. O ancora li appendeva come su uno stendibiancheria, o li collocava come delle tovaglie sui tavoli di un caffè in un museo. Naturalmente, i copriletti sono pieni di significato: sono usati come fasce per i neonati, per coprire i defunti sui letti di morte, e sono intesi durante tutta la vita come i luoghi del dormire, del riposare e del fare l’amore. Inoltre, visto che l’artista si appropriava sempre di veri e propri copriletti usati realmente da qualcuno, non sono affatto da considerarsi oggetti neutrali.

Così, come le donne imparano a cucire dalle loro madri, e successivamente impacchettano i loro beni quando lasciano casa, l’artista diventa *A Needle Woman* affastellando tutto nella stoffa, tutto il mondo, cucendo insieme le vite delle persone.

Probabilmente questo spiega perché le opere di Kimsooja si rivelano assai attuali negli ambienti “post-moderni” e “post-coloniali”.

Anche se i suoi obiettivi sono più universali, lei è stata appesantita da molte benintenzionate, ma banali letture. In qualche modo, sebbene completamente diversa nel genere, la sua relazione con il tessuto rievoca il film di Trinh T. Minh-ha, *Surname Viet Given Name Nam*. Entrambi i loro lavori hanno provocato troppi dibattiti, quasi più di quanto abbiano dato loro piacere come opere proprie.

Il tessuto è il testo, e l’artista stessa ha commentato molte volte il suo uso della stoffa. Quindi le diverse definizioni date ai suoi lavori non sono necessariamente sbagliate. Ma il fatto che, continuando ad utilizzare i tessuti, lei sia assolutamente consapevole di questa stratificazione di significati profondamente amalgamati tra loro, ci indica che – pur riconoscendo le sue origini collegate a questi materiali – il suo pensiero è finalizzato a cercare un livello di trascendenza più universale. Così il suo lavoro video, lontano dal tessuto, può ben costituire la ricerca dei modi capaci di sbarazzarsi di tutte le etichette. Il suo straniante stare in piedi può apparire come una disadorna azione minimalista: un minimalismo esistenziale. Nel video Kimsooja sembra essere interamente libera da tutto.

Keiji Nakamura (1936-2005) è stato uno stimato professore, critico d’arte e curatore. Era legato a Kimsooja da un’amicizia di vecchia data. È stato direttore incaricato dell’ICC, Inter Communication Center di Tokyo (1995-2000), curatore capo del National Museum of Art di Osaka, e professore alla Doshisha University negli anni Sessanta. Tra i suoi libri ricordiamo *Paradigm Lost / Contemporary Art* (Kaze no Bara Co. Ltd., Tokyo, 1988), *Contemporary Art* (Shinseisha Co. Ltd., Tokyo, 2004); ha curato mostre personali di Bill Viola (1997), Arakawa/Gins (1998), *The Library of Babel* (1992), e Kimsooja (2000) all’ICC di Tokyo – ultima mostra curata prima della sua morte. Quest’articolo è stato pubblicato per la prima volta nel catalogo della mostra personale di Kimsooja all’ICC di Tokyo nel 2000.

actual used bedcovers, they were by no means neutral.
Thus, as women learn to sew from their mothers, then wrap up their household possessions when they leave home, she becomes a Needle Woman bundling everything, the whole world in cloth, stitching people together.
Which perhaps explains why Kimsooja's works have been proven so unintentionally topical in "postmodern" and "postcolonial" circles. Even though her aims are more universal, she has been burdened with well-meaning but trivial readings. In some ways, while totally different in genre, her relationship with fabric recalls Trinh T. Minh-ha's film *Surname Viet, Given Name Nam*. Both their works have provoked altogether too much discourse, almost more than their enjoyment as works in themselves.
Fabric is text, and the artist herself has made not a few statements about her use of fabric. Thus the many labels are not necessarily wrong. But the fact that, fully aware of these deeply compounded layers of meaning, she continues to use fabrics perhaps indicates that while recognizing her own beginnings in cloth, her thinking is to seek transcendence on a more universal level. Thus, her video work, wholly removed from fabric, may well constitute a pursuit of means able to cast off all labels. We may see her performance of simply standing as a no-nonsense, unadorned minimalist action, an existential minimalism. Kimsooja in video appears totally free from everything.

Keiji Nakamura (1936–2005) was an admired professor, art critic and curator who had a long friendship with Kimsooja. He was the deputy director of ICC, InterCommunication Center, Tokyo (1995–2000), the senior curator of the National Museum of Art, Osaka, and taught at Doshisha University in the 1960s. His published books include *Paradigm Lost / Contemporary Art* (Kaze no Bara Co. Ltd., Tokyo, 1988) and *Contemporary Art* (Shinseisha Co. Ltd., Tokyo, 2004). At ICC Tokyo he curated exhibitions on Bill Viola (1997), Arakawa/Gins (1998), The Library of Babel (1992) and Kimsooja (2000), which was the last show he curated before his death this year. This article was first published in the 2000 catalogue of Kimsooja's exhibition at ICC Tokyo.

Elenco delle immagini
List of Images

pp. 3–7 Teatro La Fenice, 2005
Foto di / Photos by Luca Campigotto

pp. 8–15 *To Breathe / Respirare (invisible mirror / invisible needle)*, 2005
video mono-canale / single-channel video
10:01 loop
sonoro / sound
Sequenza da / Sequence from Gran Teatro La Fenice, Venezia, 2006

pp. 24–25 *A Wind Woman*, 2003
video mono-canale / single-channel video
3:04 loop
muto / silent

p. 30 *Bottari - waiting for the sunrise*, 2000
video mono-canale / single-channel video
4:53 loop
muto / silent
Real de Catorce, Mexico

pp. 34–35 *Solarescope*, 2002
nove differenti sequenze di luce / nine different lighting sequences
8:00 loop
Solares, Seconda Biennale di Valencia / The Second Valencia Biennale.
Foto di / Photo by Kimsooja

p. 41 *Deep Breathing*, 1998
video mono-canale / single-channel video
3:21 loop
muto / silent
Ontario, Canada

p. 45 *A Lighthouse Woman*, 2002
nove differenti sequenze di luce / nine different lighting sequences
30:00 loop
Spoleto Festival USA, Morris Island, Charleston
Foto di / Photo by Ryan King

pp. 47–49 *A Mirror Woman - the ground of nowhere*, 2003
vista dell'installazione presso / installation view at Honolulu City Hall
57 x 21 piedi di diametro, anello di alluminio, leggera garza di cotone, specchio, legno / 57x21 feet diameter aluminum ring, fine gauze cotton, mirror, wood
Crossings 2003: Korea/Hawaii
Foto di / Photo by Hal Lum

p. 52 *Bottari – throwing the globe*, 2000
video mono-canale / single-channel video
7: 08 loop
muto / silent
Real de Catorce, Mexico

p. 56 *A Laundry Woman –Yamuna River, India*, 2000
video mono-canale / single-channel video
10:30 loop
muto / silent
India

p. 61 *Bottari – chasing the fog*, 2000
video mono-canale / single-channel video
4:34 loop
muto / silent
Real de Catorce, Mexico

p. 65 *Bottari – drawing the snow*, 2001
video mono-canale / single-channel video
6:23 loop
muto / silent
Real de Catorce, Mexico

p. 69 *Bottari - Alfa Beach*, 2001
video mono-canale / single-channel video
6:18 loop
muto / silent
Nigeria

p. 71 *A Needle Woman – Kitakyushu*, 1999
video mono-canale / single-channel video
6:33 loop
muto / silent
New York

p. 77 *A Beggar Woman – Cairo*, 2001
video mono-canale / single-channel video
6:33 loop
muto / silent

pp. 80–81 *Cities on the Move – 2727 Kilometer Bottari Truck*, 1997

video mono-canale / single-channel video
7:30 loop
muto / silent

pp. 82–83 *Bottari*, 1995
Yongyou Island, Korea
Foto di / Photo by Ju Myung Duk

p. 84 *A Laundry Woman*, 2002
coperte coreane usate, canto di monaci tibetani, 10 ventagli / used Korean bedcovers, Tibetan monk chant, 10 fans
Kunsthalle Wien
Foto di / Photo by Christian Wacher

p. 89 *d'APERTutto, or Bottari Truck in Exile*, 1999
camion di 2,5 tonnellate impilato con *Bottari*, specchio di 20 x 6,5 metri presso l'Arsenale / 2.5 ton truck stacked with bottari, 20 x 6.5 meter mirror structure at Arsenale
49th Venice Biennale, Venezia
Foto di / Photo by Luca Campigotto

p. 93 *A Mirror Woman*, 2002
coperte coreane, pareti di specchio parallele, 4 ventagli, filo elettrico, canto di monaci tibetani / Korean bedcovers, parallel mirror walls, 4 fans, cable, Tibetan monk chant
vista dell'installazione presso / installation view at Peter Blum Gallery, New York
Foto di / Photo by Bill Orcutt
Collezione di / Collection of MUDAM, Luxembourg

p. 96 *Lotus: Zone of Zero*, 2003
307 lanterne, 6 altoparlanti, suono da canti tibetani, gregoriani e islamici / 307 lotus lanterns, 6 speakers, sound from Tibetan, Gregorian, and Islamic chants
Flower Power: Lille 2004, Palais Rameau, Lille
Foto / Photo courtesy Le Consortium, Dijion

p. 105 *A Beggar Woman – Lagos*, 2001
video mono-canale / single channel video
6:33 loop
muto / silent.

p. 112 *Epitaph*, 2002
stampa digitale / digital c-print
messa in scena presso / performed at Greenlawn Cemetery, Brooklyn, New York
Courtesy Peter Blum Gallery, New York
Foto di / Photo by Jason Schmidt.

p. 117 *A Homeless Woman – Cairo*, 2001
video mono-canale / single-channel video
6:33 loop
muto / silent

p. 122 *A Needle Woman*, 2000–2001
video a 4 canali / 4-channel video
6:30 loop
muto / silent
Mexico City

p. 125 *A Needle Woman*, 2000–2001
video a 4 canali / 4-channel video
6:30 loop
muto / silent
London

p. 126 *A Needle Woman*, 2000–2001
video a 4 canali / 4-channel video
6:30 loop
muto / silent
Lagos

p. 129 *A Needle Woman*, 2000–2001
video a 4 canali / 4-channel video
6:30 loop
muto / silent
Cairo

p. 132 *A Needle Woman*, 1999–2000
video a 4 canali / 4-channel video
6:30 loop
muto / silent
Tokyo

p. 137 *A Needle Woman*, 1999–2000
video 4 canali / 4-channel video
6:30 loop
muto / silent
Delhi

Elenco delle opere in mostra
List of Works in the Exhibition

To Breathe / Respirare (invisible mirror / invisible needle)
2005
10:01 loop
video monocanale con sonoro /
single-channel video with sound

Deep Breathing
1998
3:21 loop
muto / silent
Ontario, Canada

Bottari – waiting for the sunrise
2000
4:53 loop
muto / silent
Real de Catorce, Mexico

Bottari – chasing the fog
2001
4:34 loop
muto / silent
Real de Catorce, Mexico

Bottari - throwing the globe
2000
7:08 loop
muto / silent
Real de Catorce, Mcxico

Bottari – drawing the snow
2001
6:23 loop
muto / silent
New York

Bottari – Alfa Beach
2001
6:18 loop
muto / silent
Nigeria

A Wind Woman
2003
video monocanale / single-channel
video
3:04 loop
muto / silent

Biografia
Biography

Nata nel 1957 a Taegu, Corea. Vive e lavora a New York.
Born 1957, Taegu, Korea. Lives and works in New York.

Studi e residenze / Education and Residencies

1998–99 World Views - Residenza d'artista presso il / Artist in Residence at World Trade Center, New York
1992–93 Residenza d'artista / artist in Residence, P.S.1 Contemporary Art Center, New York
1984–85 Lithography Studio presso la / at Ecole Nationale Supérieure des Beaux-Arts, Paris (borsa di studio del governo francese / French government scholarship)
1980/84 Laurea presso il dipartimento di Pittura dell'Università di Hong-IK e scuola di specializzazione, Seoul, Corea / Graduate Painting Department of Hong-IK University and Graduate School, Seoul, Korea

Mostre personali / Solo Exhibitions

2005 *Kimsooja: Journey into the World*, The National Museum of Contemporary Art, Athens
Kimsooja: Seven Wishes and Secrets, MIT List Gallery, Cambridge, USA
Kimsooja: Conditions of Anonymity, The 59th Minute, performance presso / performance at Times Square, Creative Time, New York
Kimsooja: Bottari 2005, Kewenig Gallery, Köln

2004 *Kimsooja: Conditions of Humanity*, Museum Kunst Palast, Düsseldorf; Padiglione d'Arte Contemporanea - PAC, Milano (mostra itinerante a partire da / traveling exhibition from MOCA, Lyon)
Kimsooja: A Needle Woman, proiezioni video esterne a 7 schermi / 7 outdoor video screen projections, NCCA, Ekaterinbourg, Russian Federation
Videos in Progress, The RISD Museum, Rhode Island
Kimsooja, Raffaella Cortese Gallery, Milano

2003 *Kim Sooja*, Zacheta National Gallery of Contemporary Art, Warsaw
Kim Sooja: Conditions of Humanity, Contemporary Art Museum, Lyon
A Mirror Woman-the ground of nowhere, Crossings 2003: Hawaii/Korea, Honolulu City Hall, Hawaii
Kimsooja-Mandala: Zone of Zero, The Project, New York

2002 *Kim Sooja: A Laundry Woman*, Kunsthalle, Wien
Kim Sooja: A Laundry Woman, Musée-Chateau, Annecy
Kim Sooja: A Mirror Woman, Peter Blum, New York

2001 *Kim Sooja: A Needle Woman*, P.S.1/ MOMA, New York
Kim Sooja: A Needle Woman, Kunsthalle, Bern
Kim Sooja: Bottari 2001, Sprengel Museum, Hannover
Kim Sooja, INOVA, Milwaukee

2000 *Kim Sooja: A Needle Woman - A Woman Who Weaves the World*, Rodin Gallery, Seoul
Kim Sooja: A Needle Woman, ICC, Tokyo

1999 *A Needle Woman*, CCA Kitakyushu, Giappone / Japan

1997 *Sewing into Walking*, MAGASIN, Centre National d'Art Contemporain, Grenoble

A Laundry Field / Sewing into Walking. Looking into Sewing, Oakville Galleries (Centennial Gallery), Ontario, Canada
Bottari, Toronto Dance Theater, Harbourfront Premiere Dance Theater, Toronto (design concettuale e scenico di / conceptual and scenic design by Kim Soo-Ja, anteprima mondiale / world premiere)
Cities on the Move – 2727 Kilometer Bottari Truck, performance di 11 giorni / 11-day performance, Korea
Kim Soo-Ja: Deductive Object, Akira Ikeda Gallery, Nagoya, Giappone / Japan

1994 *Kim Soo-Ja: Sewing into Walking*, Gallery Seomi, Seoul

1992 *Kim Soo-Ja: The 11th Suknam Fine Art Award Show*, Hankook Gallery, Seoul

1991 *Kim Soo-Ja*, Gallery Hyundai, Seoul

1989 *Kim Soo-Ja*, On Gallery, Osaka

1988 *Kim Soo-Ja*, Gallery Hyundai, Seoul

Mostre collettive selezionate / Selected Group Exhibitions

2005 *Always a Little Further*, The 51st Venice Biennale, Arsenale, Venezia
Art Circus - Jumping from the Ordinary, Yokohama 2005, Yokohama
Introspection, The National Museum of Modern Art, Tokyo
Marking Time, The Getty Center, Los Angeles
Irreducible, CCA Wattis Institute for Contemporary Arts, San Francisco; Miami Art Central, Miami; and Bronx Museum of Art, New York (mostra itinerante / traveling exhibition)
Domicile Private/Public, Musée d'Art Moderne, Saint-Etienne
Perception of the Horizontal, MUSEION, Museum of Modern and Contemporary Art, Bolzano
WATER, AIR, EARTH, FIRE - At the Origins of Life between Art and Science, Villa Croce, Genova
Fusion, MUSAC, León, Spain

2004 *The 1st Lodz Biennale*, Lodz, Polonia / Poland
WOW: Work of the Work, Henry Art Gallery, Seattle
The 18th Rencontre Parallel, Centre d'Art Contemporain, Bass-Normandie
Enlightenment, Jeu de Paume, Paris
The Ten Commandments, Hygiene Museum, Dresden
Transcultures, National Museum of Contemporary Art, Athens
Settlement, Museum of Modern Art, Saint-Etienne
Don't call it performance, Centro Andaluz de Arte Contemporáneo, Sevilla; Museo Nacional Centro de Arte Reina Sofia, Madrid; Museo del Barrio, New York (mostra itinerante / traveling exhibition)
Still Mapping the Moon - Perspective of Contemporary Art, Kunstmuseum, Bonn

2003 *Ideal City - Solares*, The 2nd Valencia Biennale, Valencia
Lille 2004: Flower Power, Beaux-Art Museum, Lille
As Heavy as the Heavens: Transformations of Gravity, Neue Galerie am Landesmuseum Joanneum, Graz; Kunsthallen Brandts Klædefabrik, Odense (mostra itinerante / traveling exhibition)
Migration, Kunstmuseum, Lichtenstein
Mind Space, Samsung Art Museum, Seoul
Archives and Simulation: LisboaPhoto, Centro Cultural de Belem, Lisbon
Identity and Otherness: Photo Espana, Circulo de Bella Artes, Madrid
Multitudes – Solitudes, MUSEION, Museum of Modern and Contemporary Art, Bolzano

Pro Arte Video Festival, State Hermitage Museum, The Russian Museum, St. Petersburg

2002 *Whitney Biennial*, Whitney Museum of American Art, Central Park, New York
Tempo, MoMA Queens, New York (mostra inaugurale / inaugural exhibition)
Memory of Water, Spoleto Festival USA 2002, Charleston
The 1st Busan Biennale, Metropolitan Museum, Busan
Refugee, Henie Onstad Kunstsenter, Oslo
Money & Value / The Last Taboo, Expo 2002, Biel, Svizzera / Switzerland
Demeter, Tokachi International Contemporary Exhibition, Obihiro, Giappone / Japan
Aubes: Rêveries au bord de Victor Hugo, Maison de Victor Hugo, Paris
Watching Ocean and Sky Together, Liverpool Biennial, Liverpool

2001 *Art Through the Eye of Needle*, Henie Onstad Kunstsenter, Hovikedden, Norvegia / Norway
ARS 01, KIASMA, Helsinki
On the Way to the Screen, International Artists House, Moscow
IMAGO MUNDI, CAPC Bordeaux
Lost And Found, Apex Art, New York
Markers, The 49th Venice Biennale, Venezia
Unreal Time Video, Fine Arts Center, Seoul

2000 *Sharing Exoticisms*, The 5th Biennale de Lyon 2000, Halle Tony Garnier, Lyon
Human Being and Gender, The 3rd Kwangju Biennale, Kwangju, Corea / Korea
The Sky is the Limit, The 2nd Taipei Biennial, Taipei Fine Arts Museum, Taipei
Tsumari Art Triennale 2000, Echigo-Tsmari, Giappone / Japan
Mutation, Arc en Rêve d'Architecture, APC Bordeaux
Kim Sooja + Yang Pei Ming: Selfscape, Kunsthallen Brandts Klædefabrik, Odense, Danimarca / Denmark
Hypermental: Rampant Reality 1950-2000, From Salvador Dali to Jeff Koons, Kusthaus Zurich
Art and Social Reality, United Nations High Commission for Refugees, Geneva

1999 *d'APERTutto*, The 48th Venice Biennale, Venezia
Kim Sooja + Jeannette Christensen, Kunsthalle Feldbach, Austria, (mostra inaugurale / inaugural exhibition)
Art Worlds in Dialogue: Global Art Rhineland 2000, Museum Ludwig, Köln
The 3rd Asia-Pacific Triennial of Contemporary Art, Brisbane, Australia

1998 *The 24th São Paulo Biennale*, São Paulo
Everyday, The 11th Biennale of Sydney, Sydney
Echolot, Museum Fridericianum, Kassel
Loose Threads, Serpentine Gallery, London
Medialization, Edsvik Art Center, Stockholm; Eesti Kunst Museum, Tallinn, Estonia (mostra itinerante / traveling exhibition)
Slowness of Speed, National Gallery of Victoria, Melbourne, Australia; Sunje Art Center, Seoul (mostra itinerante / traveling exhibition)
Cites on the Move, Secession, Vienna; Louisiana Museum of Art, Copenhagen; Hayward Gallery, London; CAPC, Bordeaux; KIASMA, Helsinki; P.S.1 Contemporary Art Center, New York (mostra itinerante / traveling exhibition)
Traditions/Tensions, Asia Society/Grey Art Gallery of New York University/Queens Museum of Art, New York; Art Gallery of Western Australia, Perth, Australia; Vancouver Art Gallery, Vancouver; Taipei Fine Arts Museum, Taipei (mostra itinerante / traveling exhibition)

1997 *On life, beauty, translations and other difficulties*, The 5th Annual Istanbul Biennale, Istanbul
De-Genderism, Setagaya Art Museum, Tokyo

1996 *Manifesta 1*, Museum Boymans Van Beuningen, Rotterdam
Inclusion/Exclusion, Steirischer Herbst 96, Graz, Austria
The Scream: Borealis 8, Arken Museum of Modern Art, Copenhagen
Roles of the Couple: Soo-Ja Kim + Toshihiro Kuno, Akira Ikeda Gallery, Taura, Giappone / Japan
Ceremonial, Apex Art, New York
An Aspect of Korea: Contemporary Art in the '90s, The National Museum of Modern Art, Tokyo; The International Museum of Osaka (mostra itinerante / traveling exhibition)

1995 *Division of Labor: Women's Work in Contemporary Art*, The Bronx Museum of Art; MOCA, Los Angeles (mostra itinerante / traveling exhibition)
The 1st Kwangju Biennale, Kwangju, Corea / Korea
Tiger's Tail: 12 Korean Contemporary Artists, Palazzo Vendramin, Venice; The National Museum of Contemporary Art, Kwacheon, Korea (mostra itinerante / traveling exhibition)
Circulating Currents: Korean & Japanese Contemporary Artists, Nagoya City Art Museum, Aichi Prefecture Museum of Art, Nagoya, Giappone / Japan
6 Triennale Kleinplastik 1995, Südwest LB Forum, Stuttgart
Information and Reality, Fruitmarket Gallery, Edinburgh

1994 *Women: The Difference and the Power*, Hankook Gallery, Seoul

1993 *Trade Routes*, The New Museum of Contemporary Art, New York
In Their Own Images, P.S.1 Contemporary Art Center, New York
Semblances, Ise Art Foundation, New York

1992 Triangle Workshop, Pine Plains, New York

1991 *Ten Korean Women Artists*, The National Museum Women in the Arts, Washington D.C.; Seoul Arts Center, Seoul (mostra itinerante / traveling exhibition)
Inaugural Exhibition of Korean Contemporary Art, Sunje Museum, Kyungju, Corea / Korea

1990 *Impact 3 '90*, Gallery Humanité, Tokyo

1989 *Berlin International Contemporary Art Festival*, Municipal Museum, Berlin
Young Artist Festival, Trade Center Hyundai Gallery, Seoul

1988 *Korea Contemporary Art Festival*, National Museum of Modern Art, Seoul

1987 *The 8th International Impact Art Festival*, Municipal Museum, Kyoto

1984 *French Government's Scholar Exhibition*, Gallerie Bernanos, Paris
Korean Contemporary Art Festival, Municipal Museum, Taipei

1983 *'83 Seoul International Drawing Exhibition*, Fine Art Center, Seoul

1979 *Kim Soo-Ja + Lee Yun-Dong: Breath*, Growrich Gallery, Seoul

Borse di studio, premi e progetti / Grants, Awards and Commissions

2005 Korea Culture & Arts Foundation Grant per il progetto della 51a Biennale di Venezia / for the 51st Venice Biennale project, Seoul
INGENIO 400, proiezione web-video commissionata da / web-video project commissioned by La Fabrica, Madrid

2004 CEC ArtsLink Grant, New York

2003 CEC ArtsLink Grant, New York
Progetto in corso presso / Ongoing site-specific project at St. Bernard, France. Commissionato come parte di / Commissioned as part of "Nouveaux Commenditaires" di / by Le Consortium, Dijon, sponsorizzato da / sponsored by Fondation de France and Fondazione Olivetti, Roma

2002 Anonymous Was A Woman Award 2002, Anonymous Was A Woman Foundation, New York
Whitney Museum American Artist Award, sponsorizzato da / sponsored by Cartier Co., New York

2001 Korean Culture & Arts Foundation, premio per la "Migliore mostra dell'anno 2000" / Award for "Best Exhibition of the Year 2000"

2000 Paradise Culture Foundation Award 2000, Seoul
Lavoro commissionato per / commissioned work by ICC Tokyo

1999 Lavoro commissionato da / commissioned work by CCA Kitakyushu, Giappone / Japan

1998 Korean Culture & Art Foundation Grant, Seoul

1997 *Cities on the Move – 2727 Kilometer Bottari Truck*, progetto commissionatao da / project commissioned by the Korean Culture & Arts Foundation, Seoul
Paradise Culture Foundation Grant, Seoul

1996 The Korean Culture & Arts Foundation Grant, Seoul

1992 The 11th Suknam Fine Art Award, Seoul

1991 Song-Un Culture Foundation Grant, Seoul

Bibliografia selezionata / Selected Bibliography

Monografie / Monographs

Kimsooja: Journey into the World. Catalogo della mostra presso / catalogue from the exhibition at the National Museum of Contemporary Art (EMST), Athens, Hellenic Ministry of Culture, Athens, 2005. Testi in inglese/greco di / English/Greek texts by Emanuela de Cecco, Jonathan Goodman, Anna Kafetsi, e / and Robert C. Morgan.

Kimsooja: Conditions of Humanity. Catalogo della mostra presso / catalogue from the exhibition at the Musée d'Art Contemporain de Lyon and Museum Kunst Palast, Düsseldorf, e / and PAC Padiglione d'Arte Contemporanea, Milano, 5 Continents Editions, Milano, 2004. Testi in inglese/italiano/francese di / English/Italian/French texts by Thierry Raspail, Jean-Hubert Martin, Julian Zugazagoitia, and Nicolas Bourriaud.

Kimsooja: Conditions of Humanity. Catalogo della mostra presso / Catalogue from the Exhibition at the Musée d'Art Contemporain de Lyon and Museum Kunst Palast, Düsseldorf, 5 Continents Editions, Milano, 2003. Testi in inglese/francese/tedesco di / English/French/German texts by Thierry Raspail, Jean-Hubert Martin, Julian Zugazagoitia, Nicolas Bourriaud.

Kim Sooja. Catalogo della mostra presso / catalogue from the exhibition at the Zacheta Gallery of Art, Warsaw, 2003. Testi in inglese/polacco di / English/Polish texts by Maria Brewinska e / and Adam Szymczyk.

Kim Sooja: A Laundry Woman. Catalogo della mostra presso / catalogue from the exhibition at Kunsthalle Wien, 2002. Testi in inglese/tedesco di / English/German text by Gerald Matt e / and Robert C. Morgan.

Kim Sooja: A Needle Woman. Catalogo della mostra presso / catalogue from the exhibition at the Kunsthalle Bern, 2001. Testi in inglese/tedesco di / English/German texts by Keiji Nakamura, Harald Szeemann, Bernhard Fibicher, Hans Ulrich Obrist e / and Robert C. Morgan.

A Needle Woman. Catalogo della mostra presso / catalogue from the exhibition at the NTT InterCommunication Center (ICC), Tokyo, 2000. Testi in inglese/giapponese di / English/Japanese text by Keiji Nakamura.

Kim Sooja: A Needle Woman. Catalogo della mostra presso / catalogue from the exhibition at the Rodin Gallery, Samsung Museum of Modern Art, Seoul, 2000. Testi in inglese/coreano di / English/Korean text by Tae Hyunsun.

Kim Soo Ja: A Needle Woman. Libro d'artista / artist's book, Center for Contemporary Art – CCA, Kitakyushu, 2000. Edizione limitata / limited edition.

Kim Soo-Ja. Catalogo della mostra / catalogue of the exhibition "Echolot" presso il / at the Museum Fridericianum, Kassel, 1998. Testi in inglese/tedesco di / English/German text by Kim Airyung.

Kim Soo-Ja. Catalogo della mostra presso / catalogue from the exhibition at the 24th São Paulo Biennale, 1998. Testo in inglese di / English text by Kim Young-Ho.

Cities on the Move. Libro d'artista per la mostra / Artist's book for the "Cities on the Move" exhibition, Korea, 1998. Conversazione in inglese via e-mail con / E-mail conversation in English with Hans Ulrich Obrist.

Soo-Ja Kim. Catalogo della mostra presso / catalogue from the exhibition "A Laundry Field – Sewing into Walking. Looking into Sewing" at Oakville Galleries, Ontario, 1997. Testi in inglese di / English text by Marnie Fleming.

Soo-Ja Kim. Catalogo della mostra presso / catalogue from the exhibition at Art Vivant Contemporary Korean Artists, SIGONGSA Co. Ltd., Korea, 1994. Testi in inglese/coreano di / English/Korean text by Jae-Kil You.

Kim, Soo-Ja. Catalogo della mostra presso / catalogue from the exhibition at Gallery Hyundai, Seoul, 1991. Testi in inglese/coreano di / English/Korean text by Kwang-Soo Oh.

Exhibition by Kim Soo-Ja. Catalogo della mostra presso / catalogue from the exhibition at Hyundai Gallery, Seoul, 1988. Testi in inglese/coreano di / English/Korean text by Sung-Rok Suh.

Pubblicazioni e articoli selezionati / Selected Press and Publications

2005 Kimmelman, Michael. "Global Village Whose Bricks are Art." *The New York Times*, 16 giugno / June.
Dunning, Jennifer. "Kimsooja." Recensione della performance di Times Square / review of the Times Square performance, *The New York Times*, 11 marzo / March. p. E-25.
Gauville, Hervé. "Kimsooja en toute ubiquité," *Libération*, Paris, 13 giugno / June.
Kafetsi, Anna. "Kimsooja: Journey into the World." *Always a little further: The 51st Venice Biennale*, Marsilio, Venice, pp. 166-171.
Karouzakis, George. "Kimsooja: Journey into the World." Recensione della mostra presso il Museo di Arte Contemporanea / Review of the National Museum of Contemporary Art exhibition, *Eleftherotypia*, Athens, 12 febbraio / February.
Larcan, Laura. "La Biennale delle donne." La Repubblica, 22 giugno / June.
Pasini, Francesca. "La prudenza non è buona consigliera." Recensione della 51a Biennale di Venezia / Review of 51st Venice Biennale, luglio / July 2005
Searle, Adrian. "Filth, Blasphemy and Big, Big Stars." Review of the Venice Biennale, *The Guardian*, 14 giugno / June.
von Drathen, Doris. "Kimsooja: In Conversation with Doris von Drathen - The 51st Venice Biennale." *Kunstforum*, Berlin, giugno / June, pp. 150-151.

2004 Bono, Donatella. "KimSooja, l'arte di catalizzare folle di emozioni." *Il Giornale*, 23 giugno / June.
Corgnati, Martina. "La donna ago." *La Repubblica*, 23 giugno / June.
Del Drago, Elena. "Taglia e cuci sul mondo." *Il Manifesto*, 16 giugno / June.
Gandini, Manuela. "Kimsooja: 'Il mio corpo é come un ago nella folla'." *La Stampa*, 25 giugno / June.
Heartney, Eleanor. "Korean Crossing." *Art in America*, settembre / September, pp. 61-65.
Martin, Jean Hubert. "Views. Kim Sooja and the Calm Strength." *arnet arte*, aprile/maggio / April/May, pp. 13-14.
Michely, Viola. "Kim Sooja: Conditions of Humanity." Recensione della mostra presso / Review of the exhibition at the Museum Kunst Palast, Düsseldorf. *Kunstforum*, maggio/giugno / May/June.
Vanzetto, Chiara. "L'arte di cucire le emozioni." *Il Corriere delle Sera*, 22 giugno / June.
Vine, Richard. "Report From Madrid: Our Photos, Our Selves." *Art in America*, gennaio / January, pp. 31, 33.

2003 Ardenne, Paul. "Kim Sooja: Coudre des corps dans le tissu du monde." *artpress*, gennaio / January, no. 286, pp. 27-31, prima pagina / front page.

Brown, Elizabeth A. "In/With the World: Myself, Herself, and the Not Yet Known." Catalogo della mostra / catalogue from the exhibition *PhotoEspana 2003 - NosOtros*, Madrid, pp. 11-12, 69-70.
Goodman, Jonathan. "Conditions of Anonymity: The Performance Art of Kim Sooja." *Art Asia Pacific*, autunno / fall, no. 38, pp. 58–61.
Kayal, Michele. "Korean Art Showcased in Honolulu Exhibition." *The New York Times*, 28 settembre / September.
Lequeux, Emmanuelle. "Kim Sooja: Les Fils du Temps." *Beaux Arts*, aprile / April, Paris, p. 37.
Matt, Gerald. "Interviews." *Kunsthalle*, Triton, Wien, pp. 161-185.
Vine, Richard. "Report From Valencia: City of Dreams." *Art in America*, ottobre / October, pp. 56-61.

2002 Archer, Michael. *Art Since 1960.* Thames & Hudson, London, p. 215.
Chadwick, Whitney. *Women, Art, and Society.* Terza editione / Third Edition, Thames & Hudson, London, p. 462-463.
Harvin, Stephanie and Wevonneda Minis. "Evoking History." *The Post and Courier*, Charleston, 28 maggio / May.
Heartney, Eleanor. "Report from Charleston: History in the Remaking." *Art in America*, dicembre / December, pp. 69-71.
Herkenhoff, Paulo. *Tempo.* Museum of Modern Art, New York, p. 60.
Krumpl, Doris. "Der Waschgang von Leben und Tod. Kim Sooja im 'Project Space' der Kunsthalle am Karlplatz." *Der Standard*, Wien, 15 febbraio / February, p. 30.
Larson, Kay. "Art Becomes an Instrument to Unearth Buried History." *The New York Times*, 23 giugno / June, p. AR-31.
Rinder, Lawrence. *Whitney Biennale 2002.* Whitney Museum of American Art, New York, pp. 128-129.
Szeemann, Harald. *Aubes. Rêveries au bord de Victor Hugo.* Catalogo della mostra presso il / catalogue from the exhibition at the Maison de Victor Hugo, Paris Musées, p. 76.

2001 Dailey, Meghan. "A Stitch in Time: On Soo-Ja Kim." *Frieze*, settembre / September, no. 61, pp. 86-87.
Herkenhoff, Paulo. "Kim Sooja." Intervista in / Interview in *ARS 01: Unfolding Perspectives*, Museum of Contemporary Art Kiasma, Helsinki, pp. 114-119, 287.
Johnson, Ken. "One Woman's Serenity In the Thick of Things." *The New York Times*, 7 settembre / September.
Kim, Ai Ryung. "A Woman's Gaze in a Strange Street." *Art in Culture*, Seoul, settembre / September, p. 132.
Kim, Sun Jung. "Kim Sooja's Bottari and Her Journey." *Reinventing Textiles Volume Two: Gender and Identity*, Telos Art Publishing, Winchester, pp. 131-142.
Volk, Gregory. "Kim Sooja at P.S.1." *Art in America*, dicembre / December, p. 117.
Wendt, Selena. "Sooja Kim's Silk Route." *Art Through the Eye of the Needle*, Henie Onstad Kunstsenter, Oslo, pp. 12-21.

2000 Curiger, Bice and Christoph Heinrich. *Hypermental: Rampant Reality 1950-2000, from Salvador Dali to Jeff Koons.* Kunsthaus Zurich and Hamburger Kunsthalle.
Geneviève, Breerette. "Artistes du monde entier au rendez-vous coréen de Kwangju." *Le Monde*, 15 aprile / April.
Yilmaz, Dziewior. *Art Worlds in Dialogue: From Gauguin to the Global Present.* Museum Ludwig, Köln, pp. 436-437.

1999 Kee, Joan. "Cities on the Move." *Parachute*, ottobre/dicembre / October/December, no. 96, pp. 88-89.
Kirker, Anna. "Kim Sooja." *Beyond the Future: The Third Asia-Pacific Triennial.* Brisbane, 1999, pp. 136-137.

Schwabsky, Barry. "Fold and Lose." *Art/Text*, maggio/luglio / May/July, no. 65, pp. 36-39.

1998 Corrin, Lisa. *Loose Threads*. Serpentine Gallery, London.
Haye, Christian. "Spin City: On Kwangju, Istanbul and Johannesburg Biennale." *Frieze*, gennaio/febbraio / January/February, pp. 48-53.
Hofleitner, Johanna. "XXIV Biennal de São Paulo." *Flash Art*, novembre/dicembre / November/December, p. 57.
Teshikawara, Jun. "Kim Soo-Ja: Beyond the thoughts on cloth, a trace of the body." *After art: an art theory for the end of art*. Tokyo, pp. 264-286.

1997 Galasso, Alessandra. Testo per / Essay for Project Room presso / at MAGASIN, Grenoble.
Kim, Soo-Ja. "Cloth and Life." Artist statement for the 5th Annual Istanbul Biennale catalogue, Istanbul, vol. 1, pp. 124-125; vol. 2, pp. 160-161.
Obrist, Hans Ulrich. "Soo-Ja Kim: Wrapping Bodies and Souls." *Flash Art*, gennaio/febbraio / January/February, no. 192, pp. 70-72.

1996 Adams, Clive. "Soo-ja Kim: Wrapping the Bundle." *Contemporary Art*, primavera / spring, pp. 36-41.
Fouser, Robert J. "Wrapping Everyday Life." *Asia Pacific Sculpture News*, primavera / spring, pp. 34-38.
Kim, Sun-Jung. "Interview with Four Korean Women Artists." *Art Asia-Pacific*, vol. 3, pp. 58-67.
Levin, Kim. *The Scream*. Arken Museum of Modern Art, Copenhagen, pp. 18-19.
Osaki, Sinichiro. "Kim Soo-Ja: An Aspect of Korean Art in the 1990s." Testo del catalogo dell mostra presso il / catalogue essay from the exhibition at the Tokyo National Museum of Art, Tokyo, p. 60.
Poshiyananda, Apinan. *Tradition/Tension: Contemporary Art in Asia*. The Asia Society; Grey Art Gallery at New York University; Queens Museum of Art, New York, pp. 44-45.

1995 Anson, Libby. "Division of Labor." *Art Monthly*, aprile / April, p. 32-33.
Bahk, Young-Taik. "To approach from plane to three dimensions, a bundle, interview." *Space*, giugno / June, pp. 112-119.
Bonami, Francesco. "Beyond The Borders, Our Borders." *Flash Art*, novembre/dicembre / November/December, pp. 39-46.
Haye, Christian. "Asiana, Transculture, Tigers Tail, Venice." *Frieze*, settembre/ottobre / September/October, no. 24, pp. 66-67.
Kang, Sung-Weon. "Soo-Ja Kim. An individual truth: the language of installation work, identity, culture." *Space*, giugno / June, pp. 102-117.
Kazuo, Yamawaki. *Roles of the couple*. Akira Ikeda Gallery, Taura, Japan.
Yee, Lydia. *Division of Labor*. Bronx Museum of Art, New York.

1993 Ryberg, Barbara. "The Art of Soo-Ja Kim." *Airiang*, Seoul, primavera / spring.
Trippi, Laura. *Trade Routes*. New Museum of Contemporary Art, New York.

1992 Hornik, Susan. "Pacific Rim: S." *Art News*, estate / summer.

1988 Kozlova, Natalie. "Stranger to Myself: Soo-Ja Kim's Work." *Russian-American Daily News*, New York, 16 luglio / July.

Per saperne di più su Charta ed essere
sempre aggiornato sulle novità entra in

To find out more about Charta, and to learn
about our most recent publications, visit

www.chartaartbooks.it

Finito di stampare nel gennaio 2006
da Rumor srl, Vicenza
per conto di Edizioni Charta